JN095888

最速で身につく

一生使える

ミニマル
英会話

石原真弓

Mayumi Ishihara

the japan times出版

　英語でコミュニケーションをとるには、豊富な語彙と高い文法力が必要と思うかもしれません。でも、ネイティブスピーカーは意外とシンプルな表現で会話をしています。日常会話は中学英語がベースと言ってもいいほど。これらの表現をしっかり覚え、スラスラ言えるようにし、自分の言いたいことを表現する応用力をつけて会話に生かすのです。

　英会話に苦手意識を持つ方が多いのは、インプットしたことをアウトプットする機会が少ないのが要因の一つかと思います。日本では、高校を卒業するまでに約4〜5,000語の英単語を習います。文法もひととおり学んでいるにもかかわらず、いざ会話となると自信を持てないとよく耳にします。スポーツのルールを学んでも、練習しなければうまくプレーできないように、英語も知識を詰め込んだだけでは、残念ながらうまく話せるようにはなりません。英会話に必要なのはアウトプット力。学んだことを繰り返し練習するのが大事なのです。

　本書では、ネイティブスピーカーが日常よく使う、シンプルながら汎用性の高い60の「ミニマル」な表現パターンを厳選しました。See you ~. といった基本的な表現から、I'm into ~ .（〜にハマっています）、Why don't we ~ ?（一緒に〜しない？）のように意外な意味を持つものまで取り上げています。STEP 1で使い方や注意点を確認し、STEP 2で実践。STEP 3で応用力をつける流れになっています。

　目標は、「インプットしたことを使えるレベルに持っていくこと」です。本書の表現を知識として持っている方も多いと思いますので、今度は口をついて英語が出てくるまで何度も練習してみてください。それができるようになったら、語句を入れ替えて「自分表現」を増やすといいでしょう。

　まずは60の表現を使いこなして、ミニマル英会話を楽しんでくださいね。

石原真弓

Contents　目次

Chapter 1
ミニマル英会話フレーズを覚えよう

Chapter 2
ミニマル英会話にチャレンジ

カバー・本文デザイン：大場君人
イラスト：うつみちはる
DTP 組版：株式会社三協美術
英文校閲：Ed Jacob
表現リスト作成協力：大塚智美

ナレーション：Jennifer Okano ／ Howard Colefield ／田中舞依
録音・編集：ELEC 録音スタジオ
音声収録時間：約 2 時間

本書の構成と使い方

本書では、ネイティブスピーカーが日常よく使う、シンプルながら汎用性の高い 60 のミニマルな表現を取り上げています。Chapter 1 でそれぞれの表現の具体的な使い方を確認し、Chapter 2 ではそれらを使った会話練習をしていきます。

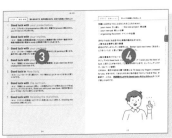

1. 見出し表現

日常会話でよく使う表現を取り上げています。Part 1 ウォームアップ・フレーズ、Part 2 気持ちを伝えるフレーズ、Part 3 ステップアップ・フレーズと、段階的にレベルが上がっていきますが、複雑な表現は一つもありません。フレーズには必ず空欄があり、ことばを入れ替えてさまざまな意味を表します。

2. STEP 1 基本レッスン

どんな場面で使うのか、空欄には何を入れたらいいのか、否定文や疑問文の作り方、返事の仕方など、見出し表現を使いこなすために必要なポイントを丁寧に説明します。

3. STEP 2 問題／解答・解説

見出し表現を使った問題です。ヒントを見ながら、空欄に適切なことばを入れていきましょう。ページをめくると、解答と解説が掲載されています。基本的な表現ばかりですので、何度も音読して身につけましょう。（入れ替え表現は状況に応じて変化するため、変わる部分は *one's*, *oneself*, *do* のように斜体を使って表しています）

4. STEP 3 応用レッスン

空欄に入れることができる語句をさらに紹介しています。また、各フレーズにまつわる注意や似た言い回しを載せていることもあります。表現を使いこなすために役立ててください。

5. 音声

音声のトラック番号です。付属音声には、見出し表現と STEP 2 の英語および日本語が収録されています。音声はアプリまたは PC でダウンロードすることができます。ご利用方法は 8 ページをご覧ください。

6. 会話練習

Chapter 1 で学んだ表現を使い、Chapter 2 で会話練習を行います。復習をしながら、各場面にふさわしい英文を考えてみましょう。

7. お役立ち表現リスト

巻末には「入れ替えに使える！ お役立ち表現リスト」を掲載。本書に登場した動詞を含む表現約 450 をあいうえお順にまとめています。入れ替え語句の参考として、ご活用ください。

音 声 の ご 利 用 案 内

本書の音声は、スマートフォン（アプリ）やパソコンを通じて
MP3 形式でダウンロードし、ご利用いただくことができます。

スマートフォン

1. ジャパンタイムズ出版の音声アプリ「OTO Navi」をインストール

2. OTO Navi で本書を検索
3. OTO Navi で音声をダウンロードし、再生
3 秒早送り・早戻し、繰り返し再生などの便利機能つき。
学習にお役立てください。

パソコン

1. ブラウザからジャパンタイムズ出版のサイト
   「BOOK CLUB」にアクセス
   https://bookclub.japantimes.co.jp/book/b638320.html
2. 「ダウンロード」ボタンをクリック
3. 音声をダウンロードし、iTunes などに取り込んで再生

※音声は zip ファイルを展開（解凍）してご利用ください。

ミニマル英会話フレーズを

覚えよう

まずは、

厳選した60表現の使い方を見ていきましょう。

フレーズを身につけるには

繰り返し読んだり書いたりするのはもちろん、

お手本に沿って

声に出すことが大切です。

01 | あいさつ

Have a nice ~.
よい〜をお過ごしください。

STEP 1　基本レッスン

✎ どんな場面で使う？

「よい〜を（お過ごしください）」「すてきな〜を（お過ごしください）」といっ
た意味で、別れ際に言う定番のあいさつです。

✎ 空欄に入るのは？

・空欄には、day（一日）や weekend（週末）などの名詞を入れます。

・nice（よい、すてきな）を、good（よい）、great や wonderful（どちら
も「すばらしい」の意）、happy（楽しい、幸せな）、safe（安全な）などの
形容詞と入れ替えて使うこともできます。

✎ どのように返事をする？

Have a nice day. などと言われたら、次のように返しましょう。

⇨ Thank you. You too.　ありがとう。あなたもね。

⇨ Thanks. The same to you.　ありがとう。あなたもね。

Have a safe trip. （安全なご旅行を）と言われたらご注意を。自分は旅行に
出かけるけれど相手にその予定がない場合は、次のように返すといいでしょう。

⇨ Thank you. I will.　ありがとう。そうします。

✎ 似た意味のバリエーション

似ている表現に Enjoy ~ . があります。「〜を楽しんでください」という意味で、
空欄には your birthday（あなたの誕生日）、the party（パーティー）、the
ride（ドライブ）などが入ります。

○これだけは言えるようになりたい基本表現

1
□□□
よい一日を。
Have a nice (　　).

2
□□□
よい週末を。
Have a nice (　　).
💡週末　weekend

3
□□□
楽しい時間を。
Have a good (　　).

4
□□□
すてきな祝日をお過ごしください。
Have a wonderful (　　).
💡祝日　holiday

5
□□□
快適な空の旅を。
Have a good (　　).
💡空の旅　flight

○これで差がつくプラスアルファの表現

6
□□□
お食事を楽しんでください。
Have a nice (　　).
💡食事　meal

7
□□□
よい三連休をお過ごしください。
Have a nice (　　).
💡三連休　three-day weekend

1　Have a nice day.

［解 説］ おなじみの表現ですが、使う時間帯に注意が必要です。午前中、遅くても午後早い時間帯までに言います。夕方以降なら day を evening にします。

2　Have a nice weekend.

［解 説］ 金曜日から土曜日の午前中くらいまでに言うのがベストです。土曜日の午後以降は Have a nice Sunday. がいいでしょう。

3　Have a good time.

［解 説］ 旅行やパーティーなどに出かける人に言います。「楽しんできてね」というニュアンスです。Have fun. と言うこともできます。

4　Have a wonderful holiday.

［解 説］ 祝日が控えているときに使う表現です。holiday の代わりに Children's Day（子どもの日）など、具体的な祝日を入れてもいいですね。

5　Have a good flight.

［解 説］ これから飛行機に乗る人に言う気遣い表現です。good を comfortable(快適な) や safe（安全な）、relaxing（くつろいだ）と入れ替えてもいいでしょう。

6　Have a nice meal.

［解 説］ 食事に出かける人に対して言います。meal を lunch や dinner と入れ替えてもいいですね。レストランで給仕がお客に料理を運んだ際にも使います。

7　Have a nice three-day weekend.

［解 説］ 金曜日または月曜日が祝日の週末を three-day weekend と言います。three-day は「3日間の」という意味。この場合、day は単数形で OK です。

空欄には次のようなことばを入れることもできます。
- [ ] afternoon 午後　　[ ] evening 夜、夕べ
- [ ] trip 旅　[ ] walk 散歩
- [ ] lunch ランチ　[ ] party パーティー
- [ ] birthday 誕生日

次のような点にも注目すると表現の幅が広がります。

✏️ 場面によって変わるニュアンスに注意しよう

学校へ行く子どもを送り出すときなどに Have a nice day. と言うと、「行ってらっしゃい」のニュアンスになります。外が暗い時間帯に言う Have a good night. は「おやすみなさい」のニュアンスです。

問題 3 の解説にあるように、コンサートやお祭りなど、遊びに出かける人に Have fun.（楽しんできてね）とだけ言うこともあります。便利な表現なので、一緒に覚えておきましょう。

ところで、ネイティブスピーカーはよく Have a good <u>one</u>. と言います。Have a nice day. のくだけた言い方ですが、こちらは時間帯に関係なくいつでも使えます。

02 | あいさつ

See you ~.

〜に会いましょう。

🖊 どんな場面で使う？

「〜に会いましょう」「〜で会おうね」といった意味で、別れ際に言う定番の
あいさつです。I'll see you ~. を短くした形です。

🖊 空欄に入るのは？

空欄には、tonight（今夜）、on Friday（金曜日に）など「時」を表すこと
ばや、at the station（駅で）といった「場所」を表すことばを入れます。

🖊 どんな前置詞と一緒に使う？

・「時」（〜に）を表す前置詞と使い方の例

曜日や日にちを表す on	**on** the 10th（10 日に）
時刻を表す at	**at** 6 p.m.（午後 6 時に）
月や西暦を表す in	**in** March（3 月に）
「〜後に」は in で表す	**in** two weeks（2 週間後に）

・「場所」（〜で）を表す前置詞と使い方の例

駅や店には at	**at** Tokyo Station（東京駅で）
パーティーや送別会などのイベントにも at	**at** the party（パーティーで）
部屋や建物、地名には in	**in** the meeting room（会議室で）

🖊 前置詞が不要な「時」を表すことば

次のようなことばには、前置詞を追加する必要はありません。

・tonight（今夜）、today（今日）、tomorrow（明日）、tomorrow morning
（明朝）、the day after tomorrow（あさって）

・this weekend（今週末）、next week（来週）など、this や next と一緒
に用いる場合

◯これだけは言えるようになりたい基本表現

1
□□□
明日会いましょう。
See you (　　).

2
□□□
土曜日に会おうね。
See you (　　).
💡土曜日　Saturday

> 前置詞が必要か
> どうかにも注意

3
□□□
来週会おうね。
See you (　　).

4
□□□
10 時に会おうね。
See you (　　).

5
□□□
羽田空港で会おうね。
See you (　　).

◯これで差がつくプラスアルファの表現

6
□□□
半年後に会いましょう。
See you (　　).
💡半年　six months

7
□□□
明日、正午に会おうね。
See you (　　).
💡正午　noon

1　**See you** tomorrow.

［解 説］tomorrow は前置詞が不要です。tonight（今夜）や the day after tomorrow（あさって）にも前置詞は付けません。

2　**See you** on Saturday.

［解 説］曜日には on を使います。「今度の土曜日に」は this Saturday で、この場合は前置詞が不要です。ただし、on this Saturday と言うネイティブもいます。

3　**See you** next week.

［解 説］next week（来週）のように、next ~ で表すことばは前置詞が不要です。next weekend（来週末）、next month（来月）も覚えておきましょう。

4　**See you** at ten.

［解 説］時刻には at を使います。「午前 10 時」の場合、10 a.m. や ten in the morning のように表します。「10 時ごろ」は around ten と言います。

5　**See you** at Haneda Airport.

［解 説］空港や駅には at を使います。「羽田空港で」のように具体的な名前を言いたければ〈at ＋空港名〉とします。「空港で」なら at the airport です。

6　**See you** in six months.

［解 説］「半年」は six months（6 か月）、または、half a year と表します。現在を基準にして「〜後」と言うときは in で表します。after は誤りなので注意してください。

7　**See you** at noon tomorrow.

［解 説］「正午」は「昼の 12 時」のことなので at を使います。「明日の正午」の語順は at noon tomorrow、tomorrow at noon のいずれも OK です。

空欄には次のようなことばを入れることもできます。

☐ at seven tonight　今夜 7 時に　☐ around five　5 時ごろ
☐ in May　5 月に　☐ in April 2024　2024 年 4 月に
☐ at the ticket gate　改札口で　☐ in the gym　ジムで
☐ at our usual café　いつものカフェで

次のような点にも注目すると表現の幅が広がります。

✎ See you. と See you again. にも注意

単独で用いる See you. は「じゃあね」「さようなら」という意味です。誰にでも使える表現です。

See you again.（また会おうね）は、次にいつ会えるかわからない相手に言います。クラスメートや同僚、家族など、ふだん会っている人には使いません。

✎ どのように返事をする？

See you ~. と言われたら、次のように返しましょう。同じあいさつをおうむ返ししても間違いではないのですが、ネイティブは別の表現を使うことが多いようです。

⇨ OK. Bye.　うん、じゃあね。
⇨ Take care.　じゃあね。

> なるべく別の表現で
> 返事をするのがベター

03 | あいさつ

Happy ~.
～おめでとう。

✏️ どんな場面で使う？

「～おめでとう（ございます）」という意味で、誕生日や記念日、祝日などを祝うときのあいさつです。

✏️ 空欄に入るのは？

空欄には、birthday（誕生日）、holiday（祝日）、Mother's Day（母の日）などの記念日や祝日、graduation（卒業）、New Year（新年）などの行事を入れます。

✏️ 「～歳の誕生日」はどう言う？

「20歳の誕生日おめでとう」と年齢を言うときは、「～番目の」と順番を表す序数（1st, 2nd, 3rd, 4th, 5th... など）を使います。「20歳の」なら Happy 20th birthday. となります。

✏️ 「～記念日」はどう表す？

記念日は anniversary と言います。単独で使ったり、次のように「～記念日」の形にすることもできます。

wedding anniversary（結婚記念日）	10th wedding anniversary（結婚10周年）
25th anniversary（25周年記念）	founding anniversary（創立記念日）
company anniversary（会社設立記念日）	shop anniversary（店舗開業記念日）

✏️ どのように返事をする？

Happy ~. と言われたら、次のように返しましょう。

⇨ Thank you.　ありがとう。（誕生日など、個人的なこと）

⇨ You too.　あなたもね。（祝日など、相手にも共通すること）

別れ際では01. で学んだ Have a ~. を使って、Have a happy Halloween.（楽しいハロウィーンをお過ごしください）のように言うこともできます。

STEP 2　問題　空欄に適切なことばを入れましょう。2語以上入ることもあります。

◯これだけは言えるようになりたい基本表現

1
□□□
誕生日おめでとう。
Happy （　　）.

2
□□□
新年おめでとうございます。
Happy （　　）.

3
□□□
30 周年記念おめでとう。
Happy （　　）.

4
□□□
バレンタインおめでとう。
Happy （　　）.
💡バレンタインデー　Valentine's Day

5
□□□
退職おめでとうございます。
Happy （　　）.
💡退職　retirement

◯これで差がつくプラスアルファの表現

6
□□□
還暦おめでとう。
Happy （　　）.
💡還暦　60th birthday

7
□□□
銀婚式おめでとう。
Happy （　　）.
💡銀婚式　25th wedding anniversary

1　Happy birthday.

［解説］ おなじみの表現ですね。「～さんの誕生日おめでとう」は、Happy birthday to ~. です。自分の誕生日が忘れられていたときは、茶目っ気たっぷりに Happy birthday to me. と言ってみてもいいでしょう。

2　Happy New Year.

［解説］新年を祝う定番表現です。書くときは New の N と Year の Y を大文字にします。

3　Happy 30th anniversary.

［解説］「30周年の」は 30th と表します。30th は [**サーティエス**] のように発音します。30 と th の間に「エ」のような音が入る点に注意してくださいね。

4　Happy Valentine's Day.

［解説］「バレンタインデー」は Valentine's Day と言います。Valentine のあとに「's」を言い忘れないようにしましょう。

5　Happy retirement.

［解説］ 欧米では、Happy Retirement. と書かれたカードに、労いや感謝、別れのことばなどを添えて退職者に渡すことがあります。

6　Happy 60th birthday.

［解説］「還暦」とは「60歳の誕生日」のこと。よって、60th birthday と表します。問題 3 の 30th と同様、60th は [**スィクスティエス**] のように発音します。

7　Happy 25th wedding anniversary.

［解説］「銀婚式」は「結婚25周年」を指すので、25th wedding anniversary と表します。「金婚式」なら 50th wedding anniversary です。

空欄には次のようなことばを入れることもできます。

☐ Father's Day 父の日

☐ Respect for the Aged Day 敬老の日

☐ Thanksgiving 感謝祭

☐ Independence Day 独立記念日

次のような点にも注目すると表現の幅が広がります。

🖊 クリスマスを祝うには配慮を

クリスマスを祝う場合は、Happy Christmas. より Merry Christmas. のほうが一般的です。ただし、クリスマスはイエス・キリストの生誕を祝う祭日なので、異なる宗教ではお祝いをしないこともあります（例えば、ユダヤ教はハヌカーを祝い、Happy Hanukkah. と言う）。相手の宗教がわからないときは Happy holidays. を使うのが無難です。

🖊 年末に Happy New Year. を使うことも

Happy New Year.（新年おめでとう）は、日本では年が明けてから言いますが、英語圏では年末に言う人もいます。これは、Have a happy new year.（よいお年をお迎えください）の Have a を、あるいは、I wish you a happy new year.（幸せな新しい１年となりますように）の I wish you a を省略した形で使っているからです。（28 ページ参照）

04 ｜ あいさつ

Good luck with ~.
〜がんばってね。

STEP 1　基本レッスン

🖊 どんな場面で使う？
相手の成功を願うカジュアルな表現です。大事な予定やすべきことが控えて
いる人に「がんばってね」「うまくいくといいね」という感覚で使います。

🖊 空欄に入るのは？
空欄には the exam（試験）、your first date（初デート）などの名詞や、
finding a job（就職活動）、finishing the report（レポートの完成）といっ
た動詞の ing 形が入ります。この ing 形は「〜すること」という意味を表す
動名詞です。

🖊 with の代わりに on でもよい
「〜がんばってね」は Good luck <u>on</u> ~. と表すこともあります。結果を重視す
るときは with、プロセスを意識するときは on を使う傾向があるものの、ど
ちらでもよい場合もあります。

🖊 in を使うこともある
Good luck <u>in</u> ~. というパターンもあります。in は転勤先や引っ越し先など、
新たな環境や状況、場所での成功を願う表現です。また、the future（将来）
を続けて、漠然と明るい未来を願うときにも使います。

🖊 どのように返事をする？
「〜がんばってね」と言われたら、まず、お礼を言いましょう。
⇨ Thank you. / Thanks.　ありがとう。
相手にも「がんばって」と言いたければ、次のように返します。
⇨ You too.　あなたもね。
難しい課題に取り組む状況では、次のように言ったりします。
⇨ I'll need it.　がんばります。（直訳：私にはその幸運が必要です）

◯これだけは言えるようになりたい基本表現

1
□□□
プレゼンがんばってね。
Good luck with (　　).
💡プレゼン　presentation

2
□□□
勉強がんばってね。
Good luck with (　　).
💡勉強　studies

3
□□□
荷造りがんばってね。
Good luck with (　　).
💡荷造り　packing

4
□□□
面接がんばってね。
Good luck with (　　).
💡面接　interview

5
□□□
ニューヨークでがんばってね。
Good luck in (　　). ◀ in に注目

◯これで差がつくプラスアルファの表現

6
□□□
契約が取れるといいですね。
Good luck with (　　).
💡契約　contract

7
□□□
マラソンの完走がんばってね。
Good luck with (　　).
💡マラソンの完走　finish the marathon (finish を ing 形に)

1　**Good luck with** your presentation.

［解説］「プレゼン」は presentation と言います。英語では presen と略しません。your を the にしても OK です。

2　**Good luck with** your studies.

［解説］「勉強」は学業全般を指して studies と複数形で用いるのが一般的ですが、特定の勉強を指す場合は study と単数形で表すこともあります。

3　**Good luck with** your packing.

［解説］スーツケースや段ボール箱などに荷物を詰めることを packing と言います。旅行や引っ越しが控えている相手に言う表現です。

4　**Good luck with** your interview.

［解説］「面接」は interview と言います。「就職面接」は job interview または employment interview です。

5　**Good luck in** New York.

［解説］ニューヨークへ引っ越したり、そこで新たなことにチャレンジする人に言うことばです。

6　**Good luck with** the contract.

［解説］「契約」は contract と言い、この例のように「〜が取れるといいですね」というニュアンスになります。Good luck with your new book.（新刊が売れるといいですね）のように使うこともできます。

7　**Good luck with** finishing the marathon.

［解説］「マラソンの完走」は「マラソンを終えること」と考えて、finishing the marathon と表しましょう。

空欄には次のようなことばを入れることもできます。

☐ your move　引っ越し　　☐ the new project　新企画

☐ your new job　新しい仕事

☐ organizing the event　イベントの企画

次のような点にも注目すると表現の幅が広がります。

✏ 落ち込む相手に言う表現

成功せずがっかりしている相手には、Better luck next time.（次はきっとうまくいくよ）と言って励ましてあげましょう。

✏ 似た意味のバリエーション

カジュアルな Good luck. に対し、かしこまって I wish you the best of luck. と言うことがあります。「ご健闘をお祈りします」というニュアンスです。（26 ページ参照）

そのほか、相手の成功を願う表現には I'll keep my fingers crossed for you. があります。「あなたのために私の指をクロスしておきますね」が直訳で、これは、英語圏の人がする Good luck. のジェスチャーをことばで表したものです。

009

05 | あいさつ

I wish you ～.
～を祈っています。

STEP 1　基本レッスン

どんな場面で使う？

「～を祈っています」「～でありますように」という意味で、相手の幸せや成功などを願う、少しかしこまったあいさつです。新しいことにチャレンジする人、困難に直面している人を励ますときにも使います。

空欄に入るのは？

空欄には happiness（幸福）、success（成功）などの名詞や、the best of luck（幸運）、a safe trip（安全な旅行）のように形容詞と名詞の組み合わせでことばを入れます。

どのように返事をする？

I wish you ～. と言われたら、まずお礼を伝えましょう。

⇨ Thank you.　ありがとう。

⇨ Thanks for your kind words.　温かいことばをありがとう。

相手にとってもそうでありますように、と言うときは、次のように返します。

⇨ You too.　あなたもね。

⇨ I wish you ～ as well.　あなたにとっても～でありますように。

目的語を入れ替えて応用する

you を入れ替えれば、第三者への願いも表現することができます。

例 | I wish your son success.
　　息子さんの成功を祈っています。

> 願う相手は
> 変えて OK

26

| STEP 2　問題 | 空欄に適切なことばを入れましょう。2 語以上入ることもあります。 |

○ これだけは言えるようになりたい基本表現

1
□□□
成功を祈っています。
I wish you (　　).

2
□□□
すてきな誕生日となりますように。
I wish you (　　).

3
□□□
ご多幸をお祈りします。
I wish you (　　).
💡多幸　great happiness

4
□□□
ご健勝をお祈り申し上げます。
I wish you (　　).
💡健勝　good health

5
□□□
幸せな新しい 1 年となりますように。
I wish you (　　).

○ これで差がつくプラスアルファの表現

6
□□□
お父様の早期回復を祈っています。
I wish (　　　　).
💡早期回復　a quick recovery

> 6 と 7 は第三者への
> 願いの表現

7
□□□
息子さんの明るい未来を祈っています。
I wish (　　　　).
💡明るい未来　a bright future

1　I wish you success.

［解説］大事な仕事が控えている人、何かに挑戦する人などに言います。great success（大成功）や success in the future（将来の成功）も覚えておきましょう。

2　I wish you a wonderful birthday.

［解説］誕生日を迎える人へ贈るメッセージとして使う表現です。wonderful を happy（幸せな）、joyful（楽しい）、unforgettable（忘れられない）などと入れ替えて応用できます。unforgettable の場合は a を an にするのを忘れずに。

3　I wish you great happiness.

［解説］相手の幸せを願う表現で、結婚祝いのカードや年賀状などに書くことが多い文です。

4　I wish you good health.

［解説］「健勝」とは、平たく言うと「良好な健康状態」のことなので、good health とします。難しい日本語は簡単なことばに置き換えて考えましょう。英語にしやすくなります。

5　I wish you a happy new year.

［解説］多幸な新年を願う表現で「初春のお慶びを申し上げます」という意味でも使えます。年末に言うと「よいお年をお迎えください」のニュアンスに。

6　I wish your father a quick recovery.

［解説］病気やけがをした人に対して早期回復を願う表現です。「お父様の」となっているので、wish のあとに your father を入れます。recovery は「回復」です。

7　I wish your son a bright future.

［解説］a bright future は「明るい未来」という意味。進学、就職、転職、結婚など、新しい生活をスタートさせる人に楽しい人生が待っていることを願う表現です。

空欄には次のようなことばを入れることもできます。

☐ a happy anniversary　幸せな記念日

☐ a great day　すてきな一日

☐ a prosperous new year　繁栄した新年

☐ peace in your life　平穏な人生

☐ all the best　幸運や成功、安全など、すべてがうまくいくよう願うときのことば

次のような点にも注目すると表現の幅が広がります。

✎ クリスマスの歌にも使われている

クリスマスの時期になると街中で耳にする *We Wish You a Merry Christmas* の歌にも I wish you ~. のパターンが使われています。主語は we（私たち）、空欄に a merry Christmas（楽しいクリスマス）と a happy new year（幸せな新年）が入った歌詞は次のとおりです。

♬ We wish you a merry Christmas,

　 We wish you a merry Christmas,

　 We wish you a merry Christmas, and a happy new year. ♬

✎ 覚えておきたい Wish me ~. のパターン

Wish me ~. というパターンも一緒に覚えておくといいでしょう。これは「私が～するよう祈っていてください」と、自分からお願いする表現です。

例 ｜ Wish me luck.
　　うまくいくよう祈っていてください。
　　Wish me success on my date.
　　デートが成功するよう祈っていてね。

06 ｜ あいさつ

Thank you for ~.

～をありがとう。

STEP 1　基本レッスン

✎ どんな場面で使う？

感謝の気持ちを具体的に伝える定番のあいさつです。

✎ 空欄に入るのは？

空欄には the information（情報）、your kindness（親切心、思いやり）などの名詞が入ります。the great information（有益情報）のように形容詞をつけると、より具体的になります。coming（来ること）といった動詞の ing 形を入れれば、「～してくれてありがとう」という意味になります。

✎ 言い方によってニュアンスが変わる

Thank you. は軽やかに言えば「（どうも）ありがとう」、気持ちを込めて言うと「ありがとうございます」という丁寧な響きになる便利な表現です。言い方で使い分けましょう。

✎ その他のお礼表現

親しい間柄やカジュアルな場面では Thanks.（ありがとう）も日常的に使われます。I appreciate it.（ありがとう、感謝します）は Thank you. の感覚で使う表現です。普段からお世話になっている人には、Thank you as always.（いつもありがとう）、深謝を表すなら、I can't thank you enough.（感謝してもしきれません）と言ってみましょう。

✎ お礼に対する返事は？

Sure.（いえいえ）、No problem.（いいんですよ）、Any time.（いつでもおっしゃってください）、You're welcome.（どういたしまして）、My pleasure.（どういたしまして）、Don't mention it.（お礼なんていいんですよ）、Not at all.（とんでもない）などを使います。

> 返事の表現は
> いろいろ

STEP 2　問題　空欄に適切なことばを入れましょう。2語以上入ることもあります。

○ これだけは言えるようになりたい基本表現

1
□□□
メールをありがとう。
Thank you for (　　).

2
□□□
優しいことばをありがとう。
Thank you for (　　).
💡優しいことば　kind words

3
□□□
（話を）聞いてくれてありがとう。
Thank you for (　　).
💡聞く　listen (ing 形に)

4
□□□
ご理解ありがとう。
Thank you for (　　).
💡理解　understanding

5
□□□
すばらしいおもてなしをありがとうございました。
Thank you for (　　).
💡おもてなし　hospitality

○ これで差がつくプラスアルファの表現

6
□□□
いろいろとありがとうございました。
Thank you for (　　).
💡いろいろ　everything

7
□□□
お時間を割いていただき感謝しています。
Thank you for (　　).

1 **Thank you for** your email.

[解説] email は、e-mail や E-mail とつづることもあります。スマートフォンなどのモバイル機器から送受信するメールは、text や text message と言います。

2 **Thank you for** your kind words.

[解説] 温かいことばに対するお礼です。kind words = encouragement（励まし）や consideration（配慮）などと入れ替えて応用してみましょう。

3 **Thank you for** listening.

[解説] listen は「耳を傾ける」という意味。話を聞いてくれた相手に言います。講演などの最後に言うと「ご清聴ありがとうございました」のニュアンスに。

4 **Thank you for** your understanding.

[解説]「（ご）理解」は understanding、「（ご）協力」なら cooperation です。「ご理解のほど、よろしくお願いします」のニュアンスでも使えます。

5 **Thank you for** your great hospitality.

[解説]「おもてなし」は hospitality、自宅やパーティーなどのイベントに招いてくれた相手（主催者）へ感謝を伝えるときに便利です。

6 **Thank you for** everything.

[解説]「いろいろ」は everything がぴったり！　「いろいろお世話になりました」という状況で使います。

7 **Thank you for** your time.

[解説] 日本語は「お時間を割いていただき」ですが、英語は your time だけで十分です。「お手数ですが、よろしくお願いします」のニュアンスでも使えます。

空欄には次のようなことばを入れることもできます。

☐ your advice　助言　☐ your reply　返信

☐ your help　手助け、協力　☐ your support　支援

☐ the ride　車に乗せてもらうこと　☐ the present　プレゼント

☐ inviting　招待すること　☐ sharing　共有すること

☐ caring　気にかけること　☐ letting me know　知らせてくれること

次のような点にも注目すると表現の幅が広がります。

✐ ネイティブの Thank you very much. の使い方

礼儀正しい日本人は Thank you very much. を多用しているようですが、ネイティブがこの表現を使うのは、心の底から感謝しているときだけ。ずっと欲しかったものをプレゼントしてもらった、置き忘れそうになった貴重品を近くの人が知らせてくれた、困っているときに手を差し伸べてもらった、といった場面なら、使うのに最適です。

「お先にどうぞ」と通してもらったり、店を出るときに店員にお礼を言ったりするようなライトな状況なら Thank you. で十分。逆に、Thank you very much. だと大げさに聞こえることもあります。Thank you very much. は「本当にありがとうございます」「大変助かりました」というニュアンスで覚えておくといいでしょう。

07 | あいさつ

Congratulations on ~.
~おめでとう（ございます）。

STEP 1 基本レッスン

✏ どんな場面で使う？
努力して達成したことや、卒業、就職といった人生の節目を祝うことばです。

✏ 空欄に入るのは？
空欄には your graduation（卒業）、your 30th anniversary（創立30周年）、your job（就職）などの名詞や、passing the exam（試験合格）といった動詞の ing 形を入れます。

✏ カジュアルな「おめでとう」
親しい間柄では、Congratulations. を短縮して Congrats. と言うこともあります（[カングラッツ] と発音）。

✏ いつも複数形にする
Congratulations. と Congrats. は常に複数形で使います。お祝いには、喜び、誇り、感動など、さまざまな気持ちがあるからです。また、複数形にすることでお祝いの気持ちを強めています。単数形で使うとネイティブには違和感があるので、最後の s を忘れないようにしましょう。

✏ どのように返事をする？
お祝いのことばを言われたら、Thank you.（ありがとう）や Thanks.（ありがとう）などとお礼を言いましょう。I'm very happy.（とてもうれしいです）など、ひと言を添えてもいいですね。

CONGRATULATIONS!

○これだけは言えるようになりたい基本表現

1
昇格おめでとう。
□□□ **Congratulations on (　　).**
💡昇格　promotion

2
婚約おめでとう。
□□□ **Congratulations on (　　).**
💡婚約　engagement

3
就職内定おめでとう。
□□□ **Congratulations on (　　).**
💡就職内定　job offer

4
新築おめでとう。
□□□ **Congratulations on (　　).**
💡新築　new house

5
試合の勝利、おめでとう。
□□□ **Congratulations on (　　).**
💡試合に勝利する　win the game（win を ing 形に）

○これで差がつくプラスアルファの表現

6
大学卒業おめでとう。
□□□ **Congratulations on (　　).**

7
入賞おめでとうございます。
□□□ **Congratulations on (　　).**
💡入賞　win the prize（win を ing 形に）

1　**Congratulations on** your promotion.

　　［解説］この表現のほか、getting a promotion や getting promoted と表すこともできます。promotion は「昇格」、get promoted で「昇格する」です。

2　**Congratulations on** your engagement.

　　［解説］この表現も問題1と同様に getting engaged と言い換えることができます。engagement は「婚約」、get engaged は「婚約する」という意味です。

3　**Congratulations on** your job offer.

　　［解説］「就職内定」は企業からの「仕事の依頼」と考えて、job offer と表現できます。「就職おめでとう」なら Congratulations on your job. となります。

4　**Congratulations on** your new house.

　　［解説］「新築」は new house とすれば簡単です。新車を購入した人には、Congratulations on your new car. と応用できますね。

5　**Congratulations on** winning the game.

　　［解説］「試合の勝利」は win the game（その試合に勝つ）を ing 形にして表します。スポーツで「優勝おめでとう」なら、winning the championship とします。

6　**Congratulations on** graduating from college.

　　［解説］「〜を卒業する」は graduate from 〜 で、「大学卒業」なら空欄にcollege を入れて ing 形にします。your graduation from college としても OKです。

7　**Congratulations on** winning the prize.

　　［解説］「入賞」は win the prize（賞を獲得する）と考え、動詞を ing 形にします。コンクールなどの優勝なら win first prize とします。

空欄には次のようなことばを入れることもできます。

□ your new baby　赤ちゃんの誕生　　□ entering school　入学

□ the contract　契約成立

□ the publication of your new book　新刊の出版

□ the opening of your restaurant　レストランの開店

次のような点にも注目すると表現の幅が広がります。

✎「結婚おめでとう」について

結婚式で新郎に Congratulations on your wedding. と言うのはよいけれど、新婦に言うのは失礼だと聞いたことがあるかもしれません。それは、Congratulations. が努力して達成したことを祝う表現のため、新婦ががんばって新郎を射止めたように聞こえるからとされています。ですが、実際には、お祝いのことばとして普通に使われます。

私はアメリカで何度か結婚式に出席したことがありますが、新婦にもこの表現で祝福していました。もし気になるようであれば、I wish you a lifetime of happiness.（末永くお幸せに）や、Best wishes on your wedding.（ご結婚のお祝いを申し上げます）と言ってみてはどうでしょうか。

✎「～おめでとう」を表す Happy ~. との違いに注意

03. Happy ~. も「～おめでとう」という意味ですが、使う状況が異なります。Happy ~. は祝日や記念日などを祝う表現で、Congratulations on ~ . は、相手の努力を称える気持ちが背景にあります。「よくやったね」「がんばったね」といったニュアンスが込められています。

なかには、どちらも使える場合があります。例えば「卒業おめでとう」は、卒業式を迎えた喜びを表すなら Happy graduation. ですが、勉学に励んだねぎらいなら Congratulations on your graduation. です。

08 | あいさつ

Sorry ~.
〜してごめんね。

STEP 1　基本レッスン

✐ どんな場面で使う？

Sorry (that) ~.（〜してごめんね・すみません）はおわびをするときの定番表現で、that を省略するのが一般的です。I'm sorry. と比べると少しくだけた表現ですが、無礼ではありません。I'm sorry. は「ごめんなさい」「申し訳ありません」と謝罪の度合いが高くなります。申し訳ない気持ちをさらに強調するなら、I'm so sorry. や I'm terribly sorry.（大変申し訳ありません）などとします。

✐ 空欄に入るのは？

空欄には文を入れます。I'm late.（遅れて（ごめんね））、I can't attend the meeting.（会議に出られなくて（すみません））という具合です。

✐ Sorry about ~. や Sorry for ~. のパターン

Sorry の後ろに about や for を続けることもできます。その場合は、名詞や動詞の ing 形と組み合わせて、次のように使います。

例 | Sorry about the misunderstanding.　誤解していてごめんね。
Sorry for my late reply.　返信が遅くなり、すみません。
Sorry for not being able to help you.　お手伝いできなくてごめんね。

✐ 謝られたら、どう返す？

謝られた場合は、次のように返すといいでしょう。いずれも「いいんですよ」「気にしないで」というニュアンスです。

Sure. / No problem. / That's OK. / That's all right. / Don't worry.

> 「気にしないで」と
> サラリと言いたいもの

◯これだけは言えるようになりたい基本表現

1　電話に出られなくてごめんね。
　　Sorry (　　　　　).
　　💡～からの電話に出る　answer *one*'s call

どれも動詞を
過去形にするのを
忘れずに

2　待たせてごめんね。
　　Sorry (　　　　　).
　　💡～を待たせる　keep ~ waiting

3　驚かせてごめんね。
　　Sorry (　　　　　).
　　💡～を驚かせる　surprise

4　泣かせてごめんね。
　　Sorry (　　　　　).
　　💡～を泣かせる　make ~ cry

5　お名前を間違えてしまい、申し訳ありません。
　　I'm sorry (　　　　　).
　　💡名前を間違える　get *one*'s name wrong

◯これで差がつくプラスアルファの表現

6　締め切りに間に合わず、申し訳ありません。
　　I'm sorry (　　　　　).
　　💡締め切りに間に合う　meet the deadline

7　約束を忘れてしまい、本当にごめんなさい。
　　I'm so sorry (　　　　　).
　　💡約束を忘れる　forget about *one*'s appointment

1　Sorry I couldn't answer your call.

［解説］「電話に出る」の「出る」は answer を使います。ここでの電話は「かけてきた電話」を指しているので call を使います。Sorry I missed your call. と表すこともできます。

2　Sorry I kept you waiting.

［解説］結構長く待たせてしまったときのおわびです。少し待たせただけなら、Thank you for waiting.（待っていてくれてありがとう）とお礼を言うのが自然でしょう。

3　Sorry I surprised you.

［解説］surprised（〜を驚かせた）を、disappointed（〜をがっかりさせた）、confused（〜を困惑させた）、irritated（〜をイライラさせた）と入れ替えて応用することもできます。

4　Sorry I made you cry.

［解説］この made は「〜を…させた」という意味です。made you angry（怒らせた）、made you scared（怖がらせた）などを使うのもいいでしょう。

5　I'm sorry I got your name wrong.

［解説］「名前を間違える」は「あなたの名前を間違える」なので get your name wrong と表します。get A 〜 は「A を〜にする」という意味です。

6　I'm sorry I couldn't meet the deadline.

［解説］「締め切りに間に合う」は meet the deadline と言います。この meet は「（要求や期待など）に応える」という意味です。

7　I'm so sorry I forgot about our appointment.

［解説］「〜のことを忘れていた」は forgot about 〜 です。相手と自分が予定していた「約束」なので our appointment となります。

空欄には次のようなことばを入れることもできます。

□ I didn't invite you　あなたを招待しなかった

□ I didn't notice you　あなたに気づかなかった

□ I didn't notice that　それに気づかなかった

□ I pretended I wasn't home　居留守を使った

□ I didn't let you know earlier　もっと早く知らせなかった

次のような点にも注目すると表現の幅が広がります。

✎ Sorry to ~. のパターン

〈to ＋動詞の原形〉も「～してごめんね」を表し、I'm sorry to ask you many questions.（いろいろ質問してごめんなさい）のように使います。また、日常会話では、これからすることの前置きとして〈Sorry to ~, but ...〉を「～してすみませんが」の意味でよく使います。例えば、Sorry to bother you, but ...（お邪魔してすみませんが）、Sorry to interrupt you, but ...（お話し中に悪いけれど）という具合です。

なお、遅れたときの謝罪として I'm sorry to be late. と言う人がいますが、ネイティブはあまり使いません。彼らは I'm sorry I'm late. や I'm sorry for being late. を使うことが多いようです。

✎ 謝罪表現あれこれ

謝罪の表現には、ほかに My apologies.（申し訳ありません、おわびします）があります。ビジネスでよく使われる丁寧な表現です。I owe you an apology.（あなたに謝らなければなりません）は、謝罪の前置きとして覚えておくと便利です。

09 | 自分のことを話す

I'm a ~ person.

私は~派です。

✏ この person はどんな意味？

「~派」「~型」「~を好む人」「~な人」という意味です。好みや性格の特徴を表します。

✏ 空欄に入るのは？

・名詞や形容詞が入ります。犬派 vs 猫派 (dog, cat)、朝型 vs 夜型 (morning, night) など、比較の対象となることばを入れて「~派」や「~型」を表します。

・「ビール党 (beer)」のように好んで飲んだり食べたりすることばも入れられます。「愛好家」のニュアンスです。

・「細かなことにうるさい人 (picky)」や「結果重視の人 (result-oriented)」といった性格や志向を表すことばも入れられます。

✏ 否定文はどんな意味？

否定文 I'm not a ~ person. は「~が苦手」というニュアンスです。I'm not much of a ~ person. で「あまり~が好きではない」「あまり~なタイプではない」という意味になります。

✏ 「どちらかというと~派」と言うには？

「どちらかというと~派です」と控えめに言うときは、I'm more of a ~ person. と表します。

✏ 相手のタイプを聞く

相手のタイプをズバリ聞くときは、Are you a ~ person? と表します。

例 | Are you a dog person?
  | あなたは犬派ですか？

　空欄に適切なことばを入れましょう。

◯ これだけは言えるようになりたい基本表現

1　私は犬派です。
□□□　I'm a (　　) person.

2　私は山派です。
□□□　I'm a (　　) person.
💡山　mountain

3　私は朝型です。
□□□　I'm a (　　) person.

4　私はアウトドア派です。
□□□　I'm an (　　) person.
💡アウトドア　outdoor

5　私は都会派です。
□□□　I'm a (　　) person.
💡都会　city

◯ これで差がつくプラスアルファの表現

6　私はコーヒーを好んで飲みます。
□□□　I'm a (　　) person.

7　私は社交的なタイプです。
□□□　I'm a (　　) person.
💡社交的　people

1　I'm a dog person.

［解説］「犬派」は a dog person と言います。比較の対象となりやすい「猫派」は a cat person ですね。

2　I'm a mountain person.

［解説］「山派」が a mountain person であるのに対し、「海派」は a beach person です。

3　I'm a morning person.

［解説］「朝型」は a morning person です。この場合の person は「〜型」というニュアンスです。反対に「夜型」なら a night person としましょう。別の表現で、「朝型」を an early bird、「夜型」を a night owl と言ったりもします。owl は「ふくろう」のこと。

4　I'm an outdoor person.

［解説］スポーツやレジャーなど、出かけるのが好きなタイプは outdoor とします。一方、家にいるのが好きなタイプは indoor です。

5　I'm a city person.

［解説］a city person は都会に住むのが好きな人、都会のライフスタイルを好む人です。反対に田舎を好む人は a country person です。

6　I'm a coffee person.

［解説］コーヒーをよく飲む人は a coffee person と表せます。a tea person と言えば「お茶派」、a beer person なら「ビール党」です。

7　I'm a people person.

［解説］a people person は人と交流するのが好きなタイプを言います。「社交的」「人付き合いがいい」「他人の気持ちがよくわかる」人のことです。

空欄には次のようなことばを入れることもできます。

- ☐ summer 夏 ☐ winter 冬
- ☐ futon ふとん ☐ bed ベッド
- ☐ movie 映画 ☐ hot spring 温泉 ☐ karaoke カラオケ
- ☐ curious 好奇心の強い ☐ goal-oriented 目標志向の

次のような点にも注目すると表現の幅が広がります。

✏ どちらのタイプか二択で質問する

二択で質問するときは、A or B person を使って表します。AとBには比較の対象となりやすい名詞を入れましょう。

例 | Are you a dog or a cat person?
　 | あなたは犬派ですか？　それとも猫派ですか？

このような質問に対して「どちらでもない」と答えるときは Neither. を使います。これは、I'm neither a dog nor a cat person.（犬派でも猫派でもありません）を短縮した形です。両方とも好きな場合は I like both. と答えます。

✏ 「～のほうが好き」と表すには？

「～のほうが好き」と表現する場合は、prefer（～のほうを好む）を使って I prefer dogs. のように言います。数えられる名詞が続く場合は、複数形にするのを忘れないようにしましょう。

10 | 自分のことを話す

I like to ~ on weekends.
週末は～するのが好きです。

STEP 1　基本レッスン

✏️ どんな場面で使う？
好きな週末の過ごし方について話すときに使います。I like to ~. は習慣や趣味、好みを述べるときの表現です。

✏️ 空欄に入るのは？
to のあとには、relax（ゆっくりする）、jog（ジョギングする）などの動詞の原形を入れます。より具体的に relax at home（家でゆっくりする）や jog around the Imperial Palace（皇居の周りを走る）のように表すといいでしょう。

✏️ 否定文は？
好きではない行為は I don't like to ~. で表します。

例 | I don't like to watch horror movies.
　 | ホラー映画を見るのは好きじゃない。

「あまり好きではない」とやわらかく言うなら、文末に very much を付けます。

✏️ 疑問文は？
相手に好みを尋ねるときは、Do you like to ~? とします。

例 | Do you like to listen to music?
　 | 音楽を聞くのは好きですか？

✏️ 好きな過ごし方を尋ねるときは？
好きな週末の過ごし方を尋ねるときは、次のように言います。on weekends を別の表現と入れ替えてもいいでしょう。（49 ページ参照）

例 | What do you like to do on weekends?
　 | 週末は何をするのが好きですか？

> どんどん入れ替えて
> 使える表現を増やそう

○これだけは言えるようになりたい基本表現

1
週末は読書をするのが好きです。

I like to (　　) on weekends.

2
週末は外出するのが好きです。

I like to (　　) on weekends.

💡出かける　go out

3
週末は愛犬と遊ぶのが好きです。

I like to (　　) on weekends.

💡遊ぶ　play

4
週末はネットサーフィンするのが好きです。

I like to (　　) on weekends.

💡ネットサーフィンする　surf the internet

5
週末に仕事をするのはイヤです。

I (　　) like to (　　) on weekends.

○これで差がつくプラスアルファの表現

6
週末はカフェで友だちとおしゃべりするのが好きです。

I like to (　　　　　) on weekends.

💡おしゃべりする　chat

7
寝る前にストレッチと瞑想をするのが好きです。

I like to (　　　　).

💡ストレッチをする　stretch／瞑想する　meditate

1　I like to read on weekends.

［解説］「読書をする」は read ひと言で表せますが、read books としても OK です。in the library（図書館で）などを加えて具体的に表すのもいいですね。

2　I like to go out on weekends.

［解説］活動的な人を指します。反対に「家にいる」のが好きなら stay home に。hang out at home（家でまったり過ごす）という言い方もあります。

3　I like to play with my dog on weekends.

［解説］「愛犬」は my dog と表します。犬を複数飼っている場合は my dogs とします。「愛猫」なら my cat(s) です。

4　I like to surf the internet on weekends.

［解説］「ネットサーフィンする」は surf the internet または surf the net と表します。

5　I don't like to work on weekends.

［解説］嫌なこと、楽しくないことは don't like と否定形で表します。「仕事をする」は work ですね。get up early（早起きする）などと入れ替えられます。

6　I like to chat with a friend at a café on weekends.

［解説］「おしゃべりする」は have a chat でも表せます。複数の友だちなら friends に。いつも決まったカフェに行く場合は、<u>a</u> café を <u>the</u> café にしましょう。

7　I like to stretch and meditate before going to bed.

［解説］「ストレッチをする」は do stretches とも言います。before going to bed も in the morning（朝）、when I'm tired（疲れているときは）などと入れ替えられます。

空欄には次のようなことばを入れることもできます。

☐ go for a walk　散歩をする　　☐ eat out　外食する
☐ go shopping　ショッピングをする　☐ sleep in　寝坊する
☐ cook　料理をする　　☐ try new recipes　新しい料理に挑戦する
☐ watch TV　テレビを見る　　☐ go to the movies　映画を見に行く
☐ clean my house　家を掃除する
☐ spend time alone　一人で過ごす
☐ spend time with friends　友だちと過ごす
☐ do nothing　何もしない

次のような点にも注目すると表現の幅が広がります。

✎ on weekends を応用する

on weekends の代わりに使える表現を見ておきましょう。

on weekdays（平日は）	on Friday nights（金曜日の夜に）
after work（仕事のあと）	on my day off（仕事が休みの日に）
in my free time（空いた時間に）	at lunch time（昼食時に）

✎ 〈like ＋動詞の ing 形〉も使える

〈like ＋動詞の ing 形〉も使うことができます。ニュアンスの違いはありますが、習慣や趣味の場合はあまり意識しなくても OK です。
・〈like to ＋動詞の原形〉：好きでしている場合、そう心がけている・よいと思うからしている、何か理由があってそうしている場合にも使う。
・〈like ＋動詞の ing 形〉：それをすることを楽しんでいる。

✎ I like to ~. には「〜したいな」の意味もある

I like to ~. が「〜したいな」と希望や選択を表すこともあります。例えば、どこへ出かけようか話しているときに、I like to go shopping.（私は買い物に行きたいな）という具合です。

11 | 自分のことを話す

I tend to ～.

～しがちです。

✏️どんな場面で使う？

自分の傾向について話すときに使います。「～しがちだ」「～する傾向にある」といった意味で、好ましくない印象を与えやすい傾向に用いるのが一般的です。

✏️空欄に入るのは？

空欄には worry（心配する）や get angry（怒る）など、動詞の原形を入れます。worry too much（心配しすぎる）や get angry soon（すぐに怒る）など、ことばを補足してより具体的に表してみましょう。

✏️状況を限定する

「週末は～しがち」「疲れているとよく～してしまう」など、特定の状況を表すには次のような表現を使います。

on weeknights（平日の夜は）	at home（家では）
when I'm tired（疲れているときは）	when I'm drunk（酔うと）
when I'm stressed（ストレスがたまっているときは）	

✏️否定文は？

否定の「～しない傾向にある」は tend not to ~ と表します。「～することを避ける傾向にある」「あまり～しない」というニュアンスで、次のように使います。

例 | I tend not to spend much time outdoors.
私はあまり外出しない。
Japanese tend not to show much emotion in public.
日本人は人前であまり感情を表さない傾向にある。

> 否定文のニュアンスに注意

○これだけは言えるようになりたい基本表現

1
□□□
物をなくしがちです。
I tend to ( ).
💡物をなくす lose things

2
□□□
朝食を抜く傾向にある。
I tend to ( ).
💡(食事)を抜く skip

3
□□□
傘を置き忘れがちだ。
I tend to ( ).
💡〜を置き忘れる leave 〜 behind

4
□□□
私は衣類にお金をかけてしまいがちです。
I tend to ( ).
💡衣類にお金をかける spend a lot of money on clothes

5
□□□
食べ放題では食べ過ぎてしまう。
I tend to ( ) at all-you-can-eat restaurants.

○これで差がつくプラスアルファの表現

6
□□□
私は明るい色はあまり着ない。
I tend ( ) to ( ).
💡明るい bright ／〜を着る wear

7
□□□
うれしいと口数が多くなる傾向にある。
I tend to ( ).
💡口数が多い talk a lot

1　I tend to lose things.

［解説］物をよくなくす人は一つでは終わらないので、thing（物）に s を付けて複数形にします。forget things（物忘れする）の場合も同じく things に。

2　I tend to skip breakfast.

［解説］「朝食」は breakfast ですね。「昼食」なら lunch、「夕食」は dinner ですが、家で簡単に済ます「夕食」を supper と言うこともあります。

3　I tend to leave my umbrella behind.

［解説］物の置き忘れには leave ~ behind を使います。forget で表すこともできますが、置き忘れた場所も言うときは（forget ではなく）leave を使って、leave my umbrella on the train のように表します。

4　I tend to spend a lot of money on clothes.

［解説］「（お金や時間）をかける」は spend を使います。「インターネットに多くの時間を費やす」なら spend a lot of time online です。

5　I tend to eat too much at all-you-can-eat restaurants.

［解説］「食べ過ぎる」は eat too much または overeat と表します。「食べ放題(の店)」は all-you-can-eat restaurant です。

6　I tend not to wear bright colors.

［解説］「明るい色」と言ってもさまざまな色があるので、color に s を付けて複数形にします。色合いは、soft colors（やわらかな色）、muted colors（くすんだ色）、vivid colors（鮮やかな色）、quiet colors（地味な色）などと表すことができます。

7　I tend to talk a lot when I'm happy.

［解説］「うれしいと」は when I'm happy や when I'm excited と表します。「口数が多い」は talk a lot のほか、get talkative（おしゃべりになる）も OK です。

空欄には次のようなことばを入れることもできます。

☐ sleep in 寝坊する　☐ lose temper キレる

☐ fall in love at first sight 一目惚れする

☐ fall for bad guys 悪い人にだまされる

☐ make the same mistakes 同じ間違いをする

☐ say one word too many ひと言多い

☐ put off doing things すべきことを先延ばしにする

☐ to be shy around strangers 知らない人の前だと口数が少ない

☐ not to watch horror movies ホラー映画を見ない

次のような点にも注目すると表現の幅が広がります。

✎ 「〜しがち」はこんなふうにも表せる

「〜しがち」は〈have a tendency to ＋動詞の原形〉を使って表すこともできます。tend（傾向がある）は動詞、tendency（傾向）は名詞です。「週末は寝るのが遅くなりがちです」なら、次のように表現できます。

例 | I tend to sleep late on weekends.
　 | I have a tendency to sleep late on weekends.

✎ easily を使った表現もある

「〜しがち」が「〜しやすい」「すぐに〜する」を表す場合は、easily（簡単に、たやすく）を使って次のように言います。

例 | I easily get tanned.　私は日焼けしやすい。
　 | I easily gain weight.　私は太りやすい。

> 副詞を使って
> 表すこともできる

023

12 │ 自分のことを話す

I used to ~.

昔は〜した。／以前は〜でした。

STEP 1　基本レッスン

✎ どんな場面で使う？

過去の習慣や状況、趣味や性格などについて述べるときに使います。今は
そうではない、今はもうしていないことを含んだ表現です。

✎ 空欄に入るのは？

空欄には study French（フランス語を勉強する）や have a dog（犬を飼っ
ている）、be a teacher（教師をしている）、be shy（恥ずかしがり屋である）
など、動詞の原形を入れます。

✎ 発音に注意

used to は［<u>ユ</u>ーストゥー］のように発音します。［<u>ユ</u>ーズドトゥー］にならな
いよう注意しましょう。

✎ 否定文は？

「昔は〜しなかった」という否定文は I didn't use to ~. と表します。use to
の発音も［<u>ユ</u>ーストゥー］です。I didn't use<u>d</u> to ~. とするネイティブもいま
すが、前者が一般的です。

✎ 疑問文は？

「以前は〜でしたか？」と質問するときは Did you use to ~? とします。

✎ 紛らわしい be used to との違い

used to と似ていて紛らわしい表現に、be used to（〜に慣れている）があ
ります。be は be 動詞のことで、to のあとには名詞または動詞の ing 形が
続きます。

例 │ I used to <u>get</u> up early.　昔は早起きでした。
　　│ I'm used to <u>getting</u> up early.　早起きには慣れています。

> to のあとに
> くる語に注意

◯これだけは言えるようになりたい基本表現

1
□□□
以前は猫を飼っていました。（今は飼っていない）
I used to (　　　).

2
□□□
以前は金沢に住んでいました。（今は別の場所に住んでいる）
I used to (　　　).

3
□□□
以前は脂っこい食べ物が好きでした。（今はそうでもない）
I used to (　　　).
💡脂っこい　greasy

4
□□□
昔は夜更かししていました。（今は早く寝ている）
I used (　　　).
💡夜更かしする　stay up late

5
□□□
昔は料理をしなかったなぁ。（今は料理をする）
I didn't use to (　　　).

◯これで差がつくプラスアルファの表現

6
□□□
昔は客室乗務員をしていましたが、今はマナー講師をしています。
I used to (　　　), but now (　　　　).
💡客室乗務員　flight attendant／マナー講師　etiquette instructor

7
□□□
以前はほぼ毎日外食していましたが、今は自炊しています。
I used to (　　　), but now (　　　　).
💡ほぼ　almost／外食する　eat out／自炊する　cook at home

024

1 **I used to** have a cat.

［解説］飼っていた猫が複数なら、a cat を cats にします。

2 **I used to** live in Kanazawa.

［解説］住んでいる場所の前に in（〜に）を忘れないようにしましょう。but now I live in Yokohama（でも今は横浜に住んでいます）と続けてもいいですね。

3 **I used to** like greasy food.

［解説］「脂っこい食べ物」は oily food としても OK です。but now I try to eat healthy food（でも今は健康な食事を心がけています）などと続けてみましょう。

4 **I used to** stay up late.

［解説］stay up は「寝ずに起きている」という意味。late を付けて「夜更かしする」を表しますが、難しければ go to bed late でも OK です。

5 **I didn't use to** cook.

［解説］否定文は didn't use to と表します。「昔は家事をしなかった」場合は、do the housework や do the household chores とします。

6 **I used to** be a flight attendant, **but now** I'm an etiquette instructor.

［解説］肩書きの前に a を忘れないようにしましょう。etiquette instructor の場合は an になります。「マナー講師をする」は teach etiquette でも OK です。

7 **I used to** eat out almost every day, **but now** I cook at home.

［解説］「ほぼ毎日」は almost every day です。頻度を表す場合は once a week（週に1度）、twice a year（年に2回）のように〈回数＋a＋単位〉で表します。この a は「1〜につき」という意味です。「自炊する」は cook for myself とも言います。

空欄には次のようなことばを入れることもできます。

☐ read a lot 多読する　☐ have long hair 髪が長い
☐ bike to work 自転車で通勤する　☐ go to the gym ジムに通う
☐ be unfriendly 無愛想である
☐ be self-centered 自己中心的である
☐ work for a bank 銀行に勤める　☐ play the piano ピアノを弾く
☐ spend a lot of money on food 食事にお金をかける

次のような点にも注目すると表現の幅が広がります。

✎ 似た意味を表す would との違いは？

used to と似た意味の表現に would があります。would は過去によくしていた動作を表し、「昔は（よく）〜したなぁ」と懐かしむ表現です。often（よく）や sometimes（ときどき）と一緒に使うこともあります。used to が今は違うことを含むのに対し、would は過去の行動を懐かしむだけのニュアンスです。意味を比べてみましょう。

例 | I used to go camping with my family.
　 | 昔は家族でキャンプに行ったなぁ。（今は行かないことを含む）
　 | I would often go camping with my family.
　 | 昔はよく家族でキャンプに行ったなぁ。（ただ懐かしんでいるだけ）

また、used to には動作と状態どちらの動詞も使えますが、would は動作を表す動詞しか使えません。

025

13 | 自分のことを話す

I'm into ~.

〜にハマっています。

STEP 1　基本レッスン

✏️ どんな場面で使う？

ハマっていること、凝っていること、夢中になっていることについて使います。

✏️ 空欄に入るのは？

空欄には golf（ゴルフ）、online games（オンラインゲーム）などの名詞や、
cooking（料理）、singing karaoke（カラオケで歌う）といった動詞の ing
形を入れます。

動作を明確にしたいときは動詞の ing 形が好まれます。例えば、「テニスに
ハマっている」は I'm into tennis. でもいいのですが、I'm into playing
tennis. とすれば「テニスをすること」、I'm into watching tennis. なら「テ
ニスを観戦すること」を明らかにできます。

✏️ 強調するには？

really（とても）や totally（すっかり）を into の前に入れると、どっぷりハ
マっていることを表現できます。

例 | I'm really into reading these days.
　　最近、読書にどっぷりハマっています。

✏️ 否定文は？

否定文は I'm not into ~. と表します。例えば、スポーツの話題をふられて I'm
not into sports. と答えるときなどに便利です。「スポーツには興味がありま
せん」というニュアンスです。「あまり興味がない」というやわらかい否定は、
I'm not so into ~. とします。

STEP 2 問題　空欄に適切なことばを入れましょう。2語以上入ることもあります。

○これだけは言えるようになりたい基本表現

1
□□□
ガーデニングにハマっています。
I'm into (　　).

2
□□□
お城にハマっています。
I'm into (　　).
💡城　castle

3
□□□
サッカー観戦にハマっています。
I'm into (　　).
💡〜を観戦する　watch（ing 形に）

スポーツ観戦好きは
覚えておきたい

4
□□□
ケーキ作りにハマっています。
I'm into (　　).

5
□□□
御朱印集めにハマっています。
I'm into (　　).
💡御朱印を集める　collect shrine and temple stamps（collect を ing 形に）

○これで差がつくプラスアルファの表現

6
□□□
このドラマにはあまり興味がありません。
I'm (　　) into (　　).

7
□□□
世界遺産巡りにハマっています。
I'm into (　　　　).
💡世界遺産　World Heritage site ／〜を巡る　visit（ing 形に）

59

026

1　I'm into gardening.

［解説］「ガーデニング」は英語でも gardening です。「野菜の栽培」に凝っている場合は growing vegetables とします。

2　I'm into castles.

［解説］お城にハマっている人は、いろいろなお城に興味があるはずなので、castles と複数形にしましょう。Japanese castles（日本のお城）と限定してもいいですね。

3　I'm into watching soccer.

［解説］スポーツなどの「観戦」は watching ~ で表します。「サッカー」は、アメリカ英語では soccer、イギリス英語では football です。

4　I'm into baking cakes.

［解説］「ケーキ作り」は「ケーキを焼くこと」と考えて、baking cakes とします。凝っている人は頻繁にケーキを焼くので、cakes と複数形にします。

5　I'm into collecting shrine and temple stamps.

［解説］「〜集め」は collecting ~ とします。「御朱印」は shrine and temple stamp(s) と言います。called *goshuin*（御朱印と呼ばれる）を続けてもいいでしょう。

6　I'm not so into this drama.

［解説］「〜にあまり興味がない」は I'm not so into ~. と表します。ほかに、I'm not so interested in this drama. と表すこともできます。（62 ページ参照）

7　I'm into visiting World Heritage sites.

［解説］「〜巡り」は「〜を訪れること」と考えて visiting ~ とします。世界遺産（の場所）は World Heritage sites と複数形にしましょう。

STEP 3　応用レッスン　アレンジに挑戦してみましょう。

空欄には次のようなことばを入れることもできます。

☐ anime　アニメ　☐ jazz　ジャズ
☐ DIY（do-it-yourself の略）日曜大工
☐ sewing　裁縫　☐ fishing　魚釣り
☐ jigsaw puzzles　ジグソーパズル　☐ social media　SNS
☐ mah-jongg　マージャン　☐ high school baseball　高校野球
☐ taking pictures of trains　電車の写真を撮ること

次のような点にも注目すると表現の幅が広がります。

🖊似た意味のバリエーション

何かに夢中になっていることを伝える表現には、次のようなものもあります。いずれも「〜にハマっている」「〜に夢中になっている」「〜がやみつきになっている」といったニュアンスです。

・〈I'm crazy about ~〉

例｜I'm crazy about manga.　マンガにハマっている。

・〈I'm hooked on ~〉

例｜I'm hooked on horse racing.　競馬にハマっている。

・〈I'm addicted to ~〉

例｜I'm addicted to social media.　SNS に夢中になっている。

61

14 | 自分のことを話す

I'm interested in ~.

～に興味があります。

✏ どんな場面で使う？

興味や関心を表します。興味があり気になっているだけの場合と、実際に体験している場合のどちらにも使うことができます。

✏ 空欄に入るのは？

空欄には kabuki（歌舞伎）や Japanese history（日本史）などの名詞や、traveling（旅行）や learning new things（新しいことを学ぶ）といった動詞の ing 形を入れます。

✏ 強調するには？

「とても」を意味する really, very, so や「非常に」を表す extremely（[イクストリームリィ] と発音）を interested の前に入れます。

✏ 否定文は？

否定文は I'm not interested in ~.（～に興味がありません）、I'm not so interested in ~.（～にはあまり興味がありません）と表します。

✏ 疑問文は？

疑問文は Are you interested in ~?（～に興味がありますか？）です。興味の有無を尋ねるほか、「～してみませんか？」と間接的に勧誘する場合があります。

例 | Are you interested in volunteer work?
　　ボランティアに興味がありますか？／ボランティアの仕事をしてみませんか？

✏ 情報に興味があるときは？

「～を知りたい」「～について興味がある」場合は〈I'm interested to know ~〉と表すことができます。（65 ページ参照）

STEP 2　問題　空欄に適切なことばを入れましょう。2語以上入ることもあります。

○これだけは言えるようになりたい基本表現

1
□□□
ファッションに興味があります。
I'm interested in (　　).

2
□□□
イギリス王室に興味があります。
I'm interested in (　　).
💡イギリス王室　the British royal family

3
□□□
アンティーク家具に興味があります。
I'm interested in (　　).
💡アンティークの　antique ／家具　furniture

4
□□□
生け花に興味があります。
I'm interested in (　　).
💡生け花　flower arrangement

5
□□□
フィギュアスケート観戦に興味があります。
I'm interested in (　　).
💡60ページの「サッカー観戦」と同じ考え方

○これで差がつくプラスアルファの表現

6
□□□
手話を習ってみたいな。
I'm interested in (　　　　).
💡「手話を習うことに興味がある」と考える／手話　sign language

7
□□□
あの2人に何があったのか知りたいな。
I'm interested (　　) what happened to those two.

63

1 **I'm interested in fashion.**

［解説］「ファッション」は英語でも fashion です。「最新の流行」に興味がある
場合は、the latest trends とします。

2 **I'm interested in the British royal family.**

［解説］「王室」は the royal family と言います。the British royal family で「イ
ギリス王室」を表し、「オランダ王室」なら the Dutch royal family です。「皇室」
は the imperial family ですが、「日本の皇室」は the Imperial Family と大文字
を使って表すこともあります。

3 **I'm interested in antique furniture.**

［解説］antique は「アンティークの、骨董の」という意味の形容詞で、「古美術品」
という名詞としても使います。骨董品全体を指す場合は antiques と複数形にし
ます。furniture（家具）は数えられない名詞なので、単数の冠詞 a や複数形の
s は付けません。

4 **I'm interested in flower arrangement.**

［解説］「生け花」を表す場合、完成した作品を見たり、流派などに興味があれば
flower arrangement、「花を生けること」への興味なら flower arranging と
します。

5 **I'm interested in watching figure skating.**

［解説］in のあとに動詞が続く場合は ing 形にします。スポーツとしての「フィギ
ュアスケート」は figure skating と言います。

6 **I'm interested in learning sign language.**

［解説］「～を習ってみたい」はそれを習うことへの興味を示すので be interested
in ～ と表します。sign language の部分を入れ替えて、学んでみたい内容を表し
ましょう。

7 **I'm interested to know what happened to those
two.**

［解説］ここでは「2 人に何があったのか」という情報に興味があるわけなので、
to know とするのが正解です。

空欄には次のようなことばを入れることもできます。

☐ surfing　サーフィン　　☐ tea ceremony 茶道

☐ latte art　ラテアート　　☐ metaverse メタバース(三次元の仮想空間)

☐ hiking　ハイキング　　☐ solo camping ソロキャンプ

☐ teaching English　英語を教えること

☐ collecting figures　フィギュア集め

次のような点にも注目すると表現の幅が広がります。

✎「〜したい」の遠回しとして使う用法

〈I'm interested to ＋動詞の原形〉で「〜したいと思っている」という意味を表します。「興味があるので〜してみたい」というニュアンスで、問題7に出てきた know のほか、hear や meet といった動詞と用います。例を見てみましょう。

例 │ I'm interested to hear your opinion.
　 │ あなたの意見をお聞きしたいです。
　 │ I'm interested to meet your teacher.
　 │ あなたの先生に会ってみたいな。

✎ I'm interesting としないように注意

「興味を持っている」「興味がある」という感情は interested で表します。I'm interesting だと「私は興味深い人です」と聞こえるので注意しましょう。

> interested と
> interesting では
> 大違い！

029

15 | 相手のことを知る

What's your favorite ~?

好きな～は何ですか？

STEP 1　基本レッスン

✏ どんな場面で使う？

相手の好きなもの、特に一番好きなものを尋ねるときの定番フレーズです。
What's は What is の短縮形です。

✏ 空欄に入るのは？

空欄には food（食べ物）、subject（教科）、word（ことば）、restaurant（レストラン）など、名詞を単数形で入れます。会話の流れから、空欄に入る名詞が明白なときは、What's your favorite? とだけ言うのが自然です。

✏ 複数形の名詞も使える？

favorite は「最も好きな（もの）」という意味で、相手の一番好きなものを 1 つ挙げてもらうニュアンスで使うため、単数形の名詞で尋ねるのが一般的です。例えば、好きな花を聞くなら、What's your favorite flower? という具合です。ただし、好きなものを 2 ～ 3 挙げてほしいときは、What <u>are</u> your favorite flowers? と複数形で聞くこともできます。この場合は is を are にします。

✏ 答え方は？

好きな教科を 1 つ答える場合

⇨ My favorite subject is English. / It's English.

好きな教科を複数答える場合

⇨ My favorite subjects are English and math. / They're English and math.

好きな花を聞かれて、ユリやバラなど「種類」を 1 つ挙げるときは次のように答えます。どちらでも OK です。

⇨ My favorite flower is <u>the lily</u>. ◀── the ＋単数形

⇨ My favorite flowers are <u>lilies</u>.

　空欄に適切なことばを入れましょう。2 語以上入ることもあります。

○これだけは言えるようになりたい基本表現

1
□□□
好きな本は何ですか？
What's your favorite (　　)?

2
□□□
好きなアイスクリームの味は何ですか？
What's your favorite (　　)?
💡アイスクリームの味　ice cream flavor

3
□□□
好きなことわざは何ですか？
What's your favorite (　　)?
💡ことわざ　saying

4
□□□
何料理が一番好きですか？
What's your favorite (　　)?
💡（国独自の）料理　national cuisine

○これで差がつくプラスアルファの表現

5
□□□
好きな歌手は誰ですか？
(　　) your favorite (　　)?

6
□□□
ワインのおつまみは何が好きですか？
What's your favorite (　　　)?
💡～のおつまみ　food to go with ~

7
□□□
洋服に関しては、何色が好きですか？
What's your favorite (　　　)?
💡～に関しては　when it comes to ~

030

1　**What's your favorite** book?

［解説］この表現は「愛読書は何ですか？」というニュアンスにもなります。好きな本のジャンルを聞くときは、What's your favorite type of book? とします。

2　**What's your favorite** ice cream flavor?

［解説］食べ物や飲み物の好きな味は flavor（味）で聞きます。yogurt（ヨーグルト）、smoothie（スムージー）、tea（お茶）などに使ってみましょう。

3　**What's your favorite** saying?

［解説］「ことわざ」は saying のほかに proverb（[プラーヴァーブ] と発音）とも言います。

4　**What's your favorite** national cuisine?

［解説］Japanese food（和食）、Chinese food（中国料理）、Vietnamese food（ベトナム料理）、Thai food（タイ料理）などを national cuisine と言います。cuisine は [クウィズィーン] と発音します。

5　Who's **your favorite** singer?

［解説］好きな人は who を使って聞きます。ほかに、好きな artist（芸術家）や athlete（スポーツ選手）などについても聞いてみましょう。

6　**What's your favorite** food to go with wine?

［解説］〈名詞 1 ＋ to go with ＋名詞 2〉で、「名詞 2 に合う名詞 1」という意味です。cake to go with coffee（コーヒーに合うケーキ）などと応用します。

7　**What's your favorite** color when it comes to clothing?

［解説］when it comes to ~ は「～に関しては」「～となると」という意味で、範囲を限定するときや、特定のテーマについて話すときに便利な表現です。

空欄には次のようなことばを入れることもできます。

☐ sport　スポーツ　　☐ season　季節

☐ movie　映画　　☐ song　歌

☐ animal　動物　　☐ painter　画家

☐ quote　名言　　☐ TV program　テレビ番組

☐ place to visit　訪れる場所　　☐ type of music　音楽ジャンル

☐ thing to do on your day off　休日にすること

次のような点にも注目すると表現の幅が広がります。

✏ 応用パターンをチェック

問題 5 のように、What をほかの疑問詞に変えて応用することができます。

例 | Who's your favorite actor?
好きな俳優は誰ですか？
Where's your favorite place to shop?
買い物するのに好きな場所はどこですか？
When's your favorite time of day?
一日のうちで、好きな時間帯はいつですか？

✏ 「好きな〜はありますか？」という聞き方も覚えよう

好きなものを確認するときは、いきなり尋ねるのではなく、先に Do you have any favorite ~?（好きな〜はありますか？）と聞きましょう。控えめな表現です。

例 | Do you have any favorite movies?
好きな映画はありますか？
Do you have any favorite authors?
好きな作家はいますか？

031

16 | 相手のことを知る

Do you ~?

あなたは〜しますか？

✏️ **どんな場面で使う？**

相手の習慣を尋ねるときに使います。

✏️ **空欄に入るのは？**

空欄には cook(料理をする)、subscribe to a newspaper(新聞を購読する)、speak English (英語を話す)、eat meat (肉を食べる) などの動詞を入れます。

✏️ **副詞を添えて聞くこともある**

頻度や量などを表す副詞を添えて質問することもあります。

例 | Do you <u>often</u> cook?　よく料理をしますか？
　 | Do you <u>usually</u> wake up early?　たいてい早く起きますか？
　 | Do you read a newspaper <u>regularly</u>?　定期的に新聞を読みますか？
　 | Do you travel <u>a lot</u>?　よく旅行しますか？

✏️ **答え方は？**

シンプルに Yes, I do. や No, I don't. と答えるほか、Yes, sometimes. (ええ、ときどき) や No, but I used to. (いいえ、でも以前はしていました)、No, but I want to. (いいえ、でもしたい気持ちはあります) などと答えてもいいでしょう。

✏️ **二択で質問するとき**

45 ページでも紹介したように、二択で質問するときには or (それとも) を使いましょう。

例 | Do you take a bath or a shower?
　 | あなたは入浴派？　それともシャワー派？
　 | Do you usually eat breakfast or skip it?
　 | あなたはたいてい朝食を食べますか？　それとも抜きますか？

STEP 2 問題　空欄に適切なことばを入れましょう。2語以上入ることもあります。

◯ これだけは言えるようになりたい基本表現

1
□□□
車を運転しますか？
Do you (　　)?

2
□□□
お酒を飲みますか？
Do you (　　)?

3
□□□
よく外食しますか？
Do you (　　)?
💡外食する　eat out

4
□□□
この美術館にはよくいらっしゃるのですか？
Do you (　　)?
💡来る（いらっしゃる）　come ／美術館　art museum

5
□□□
定期的に運動をしていますか？
Do you (　　)?
💡運動する　exercise

💬 これで差がつくプラスアルファの表現

6
□□□
日曜日はたいてい家にいますか？　それとも出かけますか？
Do you (　　　　) on Sundays?
💡家にいる　stay home ／出かける　go out

7
□□□
どのくらいの頻度で食料品を買いに行きますか？
(　　) do you (　　　　)?
💡どのくらいの頻度で　how often ／食料品を買いに行く　go grocery shopping

032

1　**Do you** drive?

［解 説］ drive は、後ろに目的語がない場合「車を運転する」を意味します。バスやトラックではなく「車」を強調したければ、Do you drive a car? とします。

2　**Do you** drink?

［解 説］ drink は目的語が続かない場合「お酒を飲む」を表します。ジュースやお茶ではなく「お酒」を強調して、Do you drink alcohol? としても OK です。

3　**Do you** often eat out?

［解 説］「よく、頻繁に」は often です。文末に置いてもかまいません。「外食する」は eat out のほか、dine out と表すこともできます。

4　**Do you** come to this art museum often?

［解 説］ 美術館やお店、イベントなどで知り合った人に尋ねるときの表現です。often を sometimes（ときどき）と置き換えてもいいでしょう。

5　**Do you** exercise regularly?

［解 説］「定期的に」は regularly と言います。「運動する」は exercise のほか、do exercise や go to the gym（ジムに通う）と表すこともできます。

6　**Do you** usually stay home or go out **on Sundays?**

［解 説］ 二択の質問は or を使って表します。ここでは、2 つの動詞で A or B（A しますか、それとも B ですか）と聞いています。

7　How often **do you** go grocery shopping?

［解 説］ どのくらいの頻度かを尋ねるには how often を使います。答えるときは、Once a week.（週に 1 度）、A few times a week.（週に数回）、Every day.（毎日）、Every other day.（1 日おきに）などと言うといいでしょう。

空欄には次のようなことばを入れることもできます。

☐ watch sports　スポーツ観戦をする

☐ eat with chopsticks　箸を使って食べる

☐ go to work by train　電車通勤する

☐ cook for yourself　自炊する

☐ play any sports　何かスポーツをする

☐ take a nap　昼寝をする

☐ work from home　在宅勤務をする

☐ wash your car yourself　自分で洗車する

☐ read a lot　多読する

☐ call your parent regularly　定期的に親に電話する

次のような点にも注目すると表現の幅が広がります。

✏ 日本語と英語のギャップに注意

日本語で「あなたは〜できますか？」と能力を尋ねる質問をしても、英語では習慣を尋ねるのが一般的なケースが多いようです。例を見てみましょう。右側がより自然な質問文です。

日本語を直訳した文	英語として一般的な文
Can you speak English? （英語は話せますか？）	Do you speak English? （英語を話しますか？）
Can you eat sashimi? （刺身は食べられますか？）	Do you eat sashimi? （刺身を食べますか？）

こちらを使う
ようにしよう

033

17 │ 相手のことを知る

Have you ever ~?
〜したことはありますか？

STEP 1 　基本レッスン

✎ **どんな場面で使う？**
経験の有無を尋ねる定番表現です。

✎ **空欄に入るのは？**
空欄には動詞の過去分詞形を入れます。過去分詞形とは、see（〜を見る）なら see-saw-seen の seen、eat（〜を食べる）なら eat-ate-eaten の eaten です。Have you ever <u>seen</u> a musical?（ミュージカルを見たことはありますか?）、Have you ever <u>eaten</u> Mexican food?（メキシコ料理を食べたことはありますか?）という具合に文を作ります。

✎ **「行ったことはありますか」は been で表すことが多い**
経験を尋ねる質問に多いのが「〜へ行ったことはありますか?」という表現。「行く」は go なので、go-went-gone の gone を使いたくなりますが、英語では be 動詞の過去分詞形 been を使って Have you ever been to 〜? と聞くのが自然です。その土地に一定期間滞在したことがあるかどうかを強調して、Have you ever been in ~? とすることもあります。
※ただし、Have you ever gone to ~? と聞くネイティブもいます。

✎ **go 〜の慣用表現の場合は？**
go skiing（スキーに行く）、go on a diet（ダイエットをする）など、慣用表現の go は gone skiing / gone on a diet とするのが一般的です。

✎ **答え方は？**
経験の有無を聞かれたら、次のように答えましょう。

肯定の場合	Yes, I have.（はい、あります） ※回数を表すには once（1回）、twice（2回）、~ times（〜回） a few times（数回）、many times（何回も）を使う
否定の場合	No, I haven't.（いいえ、ありません） No, I never have.（いいえ、一度もありません）

74

○これだけは言えるようになりたい基本表現

1
□□□
ニューヨークへ行ったことはありますか？
Have you ever (　　)?

2
□□□
オーロラを見たことはありますか？
Have you ever (　　)?
💡オーロラ　the northern lights

3
□□□
『星の王子さま』を読んだことはありますか？
Have you ever (　　)?
💡星の王子さま　The Little Prince

4
□□□
インフルエンザにかかったことはありますか？
Have you ever (　　)?
💡インフルエンザ　the flu ／（病気）にかかる　have（過去分詞形に）

5
□□□
有名人に会ったことはありますか？
Have you ever (　　)?
💡有名人　someone famous ／〜に会う　meet（過去分詞形に）

○これで差がつくプラスアルファの表現

6
□□□
台湾は何度も訪れたことがあります。
I've (　　　　).
💡〜を訪れる　visit（過去分詞形に）

7
□□□
飛行機に乗ったことは一度もありません。
I've (　　　　).
💡飛行機に乗る　be on an airplane（be を過去分詞形に）

034

1　**Have you ever** been to New York?

［解説］行ったことがあるかどうかは been で尋ねるのが自然です。行き先は to で表しますが、in でも OK です。

2　**Have you ever** seen the northern lights?

［解説］「オーロラ」は一般に the northern lights と言います。a double rainbow（二重の虹）や frost-covered trees（樹氷）などと入れ替えて質問してみましょう。

3　**Have you ever** read *The Little Prince*?

［解説］読んだことがあるかどうかは、read の過去分詞形 read（［レッド］と発音）を使って尋ねます。直後に本のタイトルを続けます。

4　**Have you ever** had the flu?

［解説］「インフルエンザ」は the influenza、略して the flu です。hives（じんましん）、a broken bone（骨折）、pneumonia（肺炎）などと入れ替えられます。

5　**Have you ever** met someone famous?

［解説］meet の過去分詞形 met は、握手をしたり写真を撮ったりなど、何らかのふれあいがあった場合に使います。見かけただけなら see の過去分詞形 seen を使います。someone famous は a famous person でも OK です。

6　**I've** visited Taiwan many times.

［解説］visit の過去分詞形は visited で、直後に訪問先を続けます（to や in は不要）。「何度も」は many times と表します。

7　**I've** never been on an airplane.

［解説］「飛行機に乗る」は、ほかに take a flight（過去分詞形は taken）や travel by air（過去分詞形は traveled）と表すこともできます。

空欄には次のようなことばを入れることもできます。

□ seen this movie　この映画を見る　　□ seen a UFO　UFO を見る

□ learned a foreign language　外国語を学ぶ

□ played shogi　将棋を指す

□ worn a kimono　着物を着る　　□ studied abroad　留学する

□ had surgery　手術を受ける　　□ stayed in a hospital　入院する

□ climbed Mt. Fuji　富士山に登る

□ missed a flight　飛行機に乗り遅れる

□ traveled alone　一人旅をする

□ tried glamping　グランピングをしてみる

□ driven a stick shift　マニュアル車を運転する

次のような点にも注目すると表現の幅が広がります。

✏️ 自分の経験を表すときの注意

「〜したことがあります」と自分の経験を話すには、問題 6 のように〈I've ＋動詞の過去分詞形〉で表します。このとき、when I was a child（子どものころ）、in my college days（大学時代に）、in 2018（2018 年に）といった「過去の時」を表す表現と一緒に使うことはできません。これらの語句を付けるときは〈I ＋動詞の過去形〉にしましょう。なお、before（以前）は I've ~. と一緒に使って OK です。

また、問題 7 のような「〜したことは一度もありません」という未経験は〈I've never ＋動詞の過去分詞形〉で表します。

Column 1　使ってみたいあいづち

　「うん」「そのとおり」「まさか」など、相手の話に合わせて挟むあいづち。話を聞いていることを示すだけでなく、相手にとっても話しやすく、会話を円滑にする大事な要素です。ここでは、日常よく使われるあいづち表現を状況別にご紹介します。ぜひ会話に取り入れてみてください。このコラムでは、本文の解説に未掲載のものを中心に載せています。

■ うなずく感覚のあいづち
- **Yeah.**　うん。　　※ Yes. のくだけた語
- **Uh-huh.**　うん。　※相手の話を聞いていることを表す
- **I see.**　へぇ／なるほど。

■ 同情・共感のあいづち
- **I know.**　そうだよね／わかる。　　　**I feel you.**　その気持ち、わかる。
- **Poor you.**　かわいそうに。　※対象に合わせて you を him や her に変える
- **That's too bad.**　それはお気の毒に。

■ 同意・不同意のあいづち
- **You're right.**　確かに／おっしゃるとおり。
- **Exactly.**　そのとおり／まさしく。　**Good idea.**　いいね／いい考えだね。
- **I agree.**　私もそう思う／賛成。　**I disagree.**　私はそう思わない／反対。
- **Hmm.**　ふーむ。　※ためらいや疑いを表す

■ 感動・驚きのあいづち
- **That's great!**　すごーい！　　　　**Is that so?**　それ本当？
- **No kidding.**　まさか。　　　　　　**No way.**　信じられない。
- **What?!**　えっ！？　※聞き返すときにも使う
- **I didn't know that.**　へぇ、知らなかった。

■ 不快のあいづち
- **Yuck.**　ゲッ／気持ち悪い。
- **That's terrible.**　それはひどい。　※悲惨な話を聞いたときなどに

Column 2　返答のバリエーション

　会話はキャッチボールが大切とわかっていても、Yes や No としか返せなかったり、英語を理解しようと集中するあまり無言になったり…。聞き役に徹してしまう人は返答表現を用意し、使うタイミングを狙いながら会話に臨んでみましょう。言えたときの喜びが会話の向上につながります。

■ 断言を避けた受け答え
- **Yes and no.**　何とも言えないな。　※イエスともノーとも言えない場合に
- **Kind of.**　えぇ、まあね。　※断言を避けた穏やかな返事
- **It depends.**　時と場合による。　※いわゆる「ケースバイケース」のこと
- **Maybe.**　かもね。　※同意も反対もしかねるときに

■ 誘いを受ける・断る
- **I'd love to.**　ぜひ／喜んで。
- **I wish I could.**　そうできたらよかったのですが…。　※遠回しな断り方

■ 理解・了解する
- **I got it.**　わかった。　※ I understand. のカジュアルな言い方
- **You got it.**　了解／かしこまりました。※依頼やお願い、注文を受けたときに

■ 相手の喜びに共感する
- **I'm happy for you.**　私もうれしいよ。
- **Good for you.**　よかったね。　・**Lucky you.**　いいなぁ。

■ がんばった相手に
- **Amazing!**　すごーい！
- **Good job.**　よくやったね。　※親しい間柄で使う
- **Your hard work paid off.**　努力が報われたね。

■ 励ます
- **Cheer up.**　元気出して。　・**It can't be helped.**　仕方ないよ。
- **You're doing great.**　よくやっているよ。／立派にやっているよ。

18 | 気持ちを伝える1

I like ~.

すてきな～ですね。

STEP 1　基本レッスン

✏ どんな場面で使う？

直訳は「～が好きです」ですが、「すてきな～ですね」「すばらしい～ですね」と相手の持ち物や所作、能力などをほめる表現ととらえましょう。

✏ 空欄に入るのは？

空欄には〈your ＋名詞〉や〈the way you ＋動詞〉を入れます。名詞は hat（帽子）などの具体的なもの、creativity（創造性）などの抽象的なもの、いずれも OK です。〈the way you ＋動詞〉は「あなたの～の仕方」という意味で、the way you think（考え方）、the way you walk（歩き方）のように使います。

✏ 強調するには

「とてもすてきな～ですね」「本当にすばらしい～ですね」と強調するときは、次のような表現を使います。

・I <u>really like</u> ~.

・I <u>love</u> ~.

✏ ほめられたときの返し方

ほめられたらお礼を言うのがスマートですね。日本人の謙遜した感覚で「いえいえ」を直訳して No, no. などと返すと、英語では相手を否定しているように聞こえます。ポジティブ表現で返しましょう。

⇨ Thank you.　ありがとうございます。

⇨ I appreciate it.　ありがとうございます。

> ポジティブ表現を使おう

⇨ I'm happy.　うれしいです。

⇨ I like your ~, too.　あなたの～もすてきですね。

⇨ Thank you for saying that.　そう言ってもらえてうれしいです。

STEP 2 問題　空欄に適切なことばを入れましょう。2語以上入ることもあります。

○これだけは言えるようになりたい基本表現

1
□□□
すてきな髪型ですね。
I like (　　).
💡髪型　hairstyle

2
□□□
すてきな笑顔ですね。
I like (　　).

3
□□□
すてきなコーデですね。
I like (　　).
💡（ファッションの）コーデ　outfit

4
□□□
とてもすてきな字ですね。
I (　　) like (　　).
💡字・手書き　handwriting

5
□□□
前向きな姿勢がすばらしいですね。
I like (　　).
💡前向きな姿勢　positive attitude

○これで差がつくプラスアルファの表現

6
□□□
話し方がすてきですね。
I like the way (　　　　).　◀「〜の仕方」の the way

7
□□□
料理の盛り付け方がとてもすてきですね。
I (　　) the way (　　　　).
💡料理を皿に盛り付ける　arrange the food on the plates（現在完了形に）

036

STEP 2 解答・解説 | 答え合わせです。音声を聞きながら、自分でも発音してみましょう。

1 I like your hairstyle.

［解説］「髪型」は hairstyle ですが、hair だけでも OK です。また、「(主に女性の) セットした髪型」を hairdo とも言います。updo は「まとめ髪」のこと。

2 I like your smile.

［解説］笑顔をほめるときの定番表現です。目をほめるなら your eyes、声をほめるなら your voice にします。

3 I like your outfit.

［解説］outfit は「服のコーディネート」のこと。the way you dress と置き換えてもいいですね。SNS で使われる略語の OOTD は、outfit of the day (今日のコーデ) のことです。

4 I really like your handwriting.

［解説］handwriting は「手書きの文字」のこと。the way you write も OK です。You have good handwriting. (字がお上手ですね) というほめ方もあります。

5 I like your positive attitude.

［解説］「前向きな姿勢」は positive attitude と言います。confidence (自信) や honesty (誠実さ) などと入れ替えて使ってみましょう。

6 I like **the way** you talk.

［解説］会話などカジュアルな場での「話し方」には talk を、講演などかしこまった場での「話し方」には speak を使います。

7 I love **the way** you've arranged the food on the plates.

［解説］「盛り付け方」は arrange (〜を配置する) を使います。ここでは、相手が盛り付けた料理を見て発したひと言と考えて、〈have ＋動詞の過去分詞形〉で表しています。

空欄には次のようなことばを入れることもできます。

☐ your watch　腕時計　　☐ your shoes　靴

☐ your glasses　メガネ　　☐ your garden　庭

☐ your generosity　寛大さ

☐ the way you arrange flowers　花の生け方

☐ the way you look at things　物の見方

☐ the way you are　ありのままの君

☐ the way you choose presents　プレゼントの選び方

☐ the way you decorated your living room　リビングのインテリアの整え方

次のような点にも注目すると表現の幅が広がります。

✏ 似た意味のバリエーション

次の表現もほめるときによく使います。それぞれ「その〜、すてきですね」「〜のセンスがいいですね」という意味になります。

・〈That's a nice ~〉

例 | That's a nice car.
　　その車、すてきですね。

・〈You have good taste in ~〉

例 | You have good taste in fashion.
　　ファッションのセンスがいいですね。

037

19 | 気持ちを伝える1

You're good at ~.
~がお上手ですね。

✏ どんな場面で使う？
相手の能力や技術をほめるときの表現です。この good は「有能な」「熟練した」という意味で、be good at で「～が上手だ」「～がうまい」「～が得意である」などを表します。

✏ 空欄に入るのは？
空欄には tennis (テニス)、English (英語) などの名詞や、drawing (絵を描くこと)、playing the piano (ピアノを弾くこと) といった動詞の ing 形を入れます。

✏ 強調するには
「～がとてもお上手ですね」と強調するには、次のような語句を使います。どれも「絵がとてもお上手ですね」という意味です。

例 | You're <u>really good</u> at drawing.
You're <u>great</u> at drawing.
You're <u>talented</u> at drawing.
You're <u>amazing</u> at drawing.

> ほめる表現は
> たくさん覚えたい

✏ 苦手なことは
逆に自分が苦手なこと、得意でないことは次のように表します。

例 | I'm <u>not good at</u> drawing.　私は絵がうまくありません。
I'm <u>not so good at</u> drawing.　私は絵があまりうまくありません。
I'm <u>poor at</u> drawing.　私は絵が苦手です。
I'm <u>bad at</u> drawing.　私は絵が下手です。
I'm <u>terrible at</u> drawing.　私は絵が下手くそです。

○これだけは言えるようになりたい基本表現

1
□□□
スポーツがお上手ですね。
You're good at (　　).

2
□□□
習字がお上手ですね。
You're good at (　　).
💡習字　Japanese calligraphy

3
□□□
運転がお上手ですね。
You're good at (　　).

4
□□□
写真を撮るのがお上手ですね。
You're good at (　　).
💡（写真）を撮る　take（ing 形に）

5
□□□
イベントを取り仕切るのがお上手ですね。
You're good at (　　).
💡〜を取り仕切る　organize（ing 形に）

○これで差がつくプラスアルファの表現

6
□□□
人を笑わせるのがとてもうまいですね。
You're (　　) at (　　　　).
💡〜を笑わせる　make ~ laugh（make を ing 形に）

7
□□□
私は友だちを作るのがあまり得意ではありません。
I'm (　　) good at (　　　　).

038

1　**You're good at** sports.

[解 説] all sports（スポーツ全般）としてもいいですね。また、playing sports（スポーツをすること）と ing 形で表すこともできます。

2　**You're good at** Japanese calligraphy.

[解 説]「習字、書道」は Japanese calligraphy と言います。calligraphy は「（主に西欧の）装飾的書体」を指します。

3　**You're good at** driving.

[解 説]「運転」は「運転すること」と考えて driving と ing 形で表します。直後に目的語がない場合、driving は一般に「車の運転」を指します。

4　**You're good at** taking photographs.

[解 説]「写真」は photograph のほか、photo と短縮したり、picture で表したりします。いずれも複数形にしましょう。

5　**You're good at** organizing events.

[解 説]「〜を取り仕切る」は、organizing の代わりに coordinating でも表すことができます。event は複数形にします。

6　**You're** great **at** making people laugh.

[解 説]「とてもうまい」と強調するときは、great や really good を使うといいでしょう。また、この make は「〜を…させる」という意味で、「私を泣かせる」なら make me cry と言います。

7　**I'm** not so **good at** making friends.

[解 説]「あまり得意ではない」は not so good at 〜 のように表します。「友だちを作る」は make friends。動詞は ing 形にしましょう。

空欄には次のようなことばを入れることもできます。

☐ small talks 世間話　☐ painting 絵画
☐ singing 歌うこと　☐ sewing 裁縫
☐ cooking 料理　☐ dancing ダンス
☐ swimming 水泳　☐ parallel parking 縦列駐車
☐ speaking in public 人前で話すこと
☐ remembering names 名前を覚えること
☐ doing a mental calculation 暗算
☐ motivating people 人にやる気を出させること

次のような点にも注目すると表現の幅が広がります。

✎ at を with にした場合のニュアンス

You're good at ~ の at を with にすることもできます。この場合は、「～を器用に使う」「～の扱いがうまい」「～の感覚がいい」というニュアンスになります。

例 | You're good with your hands.　手先が器用ですね。
　　 You're good with children.　子どもの扱いがお上手ですね。
　　 You're good with directions.　方向感覚に優れていますね。
　　 You're good with machines.　機械に強いんですね。

039

20 | 気持ちを伝える1

Sounds ~.

～そう。

STEP 1　基本レッスン

✏ どんな場面で使う？

提案や話などを聞いて「(それは) ～そうですね」と共感を示したり、気持ちや感想を伝えたりするときに使います。

Sounds ~. は That sounds ~. の that を省略した形です。相手の言ったことを that で受け、会話の流れからそれが何を指すかわかるので省略しています。この sound は「～に聞こえる、～のように聞こえる」という意味です。

✏ 空欄に入るのは？

空欄に入る内容を 3 パターンに分けてみましょう。

形容詞	Sounds good. (いいね)
	Sounds easy. (簡単そう)
like ＋名詞 ※〈形容詞＋名詞〉で 使うことが多い	Sound like a good idea. (よい案ですね)
	Sound like an interesting movie. (おもしろそうな映画ですね)
like ＋文	Sounds like you enjoyed the trip. (楽しい旅行だったようですね)
	Sounds like he knows a lot of people. (彼は顔が広いようですね)

✏ ネイティブがよく使う Sounds like a plan.

相手の提案や計画に対して、ネイティブはよく Sound like a plan. と言います。これは「いいね」「おもしろそうですね」と返すときの表現で、Sounds good. と同じ意味です。覚えておくと便利ですよ。

○これだけは言えるようになりたい基本表現

1　わくわくしますね。
□□□　Sounds （　　）.
💡わくわくするような　exciting

2　怖そう。
□□□　Sounds （　　）.
💡怖い　scary

3　すごくいいね。
□□□　Sounds （　　）.

4　大変そうですね。
□□□　Sounds （　　）.
💡大変な　hard

○これで差がつくプラスアルファの表現

5　聞き覚えがあります。
□□□　Sounds （　　）.
💡聞き覚えのある　familiar

6　お買い得のようですね。
□□□　Sounds （　　　）.
💡お買い得　a bargain

7　お仕事を楽しんでいるようですね。
□□□　Sounds （　　　）.
💡～を楽しむ　enjoy（進行形に）

040

1 Sounds exciting.

［解説］楽しそうに計画や予定を話したり、旅やイベントの思い出話をしている相手に言うとぴったりです。

---

2 Sounds scary.

［解説］怖い話を聞いたときのフレーズです。scary は物や人が「怖い、恐ろしい」という意味で、類語の scared は「（人が）怖がっている」です。

---

3 Sounds great.

［解説］提案などに対して「すごくいいね」と返すときによく使います。Sounds good. を強調した表現で、fantastic や awesome などを使ってもいいですね。

---

4 Sounds hard.

［解説］やることや時間に追われて大変そうな人に言います。気遣い表現の Take care.（体に気をつけてね）を続けるといいでしょう。

---

5 Sounds familiar.

［解説］題名はわからないけれど聞き覚えがある歌や、どこかで聞いたことのある話などに対して使います。「見覚えがある」ときは Looks familiar. です。

---

6 Sounds like a bargain.

［解説］bargain は「お買い得品・掘り出し物」という意味の名詞です。a good buy や a good deal としても OK です。いずれも like を忘れずに。

---

7 Sounds like you're enjoying your job.

［解説］「あなたは仕事を楽しんでいる」は you're enjoying your job と表します。文が続くので Sounds like としましょう。

空欄には次のようなことばを入れることもできます。

☐ difficult　難しい　　☐ confusing　紛らわしい、わかりにくい

☐ reasonable　妥当な　　☐ delicious　とてもおいしい

☐ fair　公平な　　☐ unfair　不公平な

☐ convenient　便利な　　☐ ridiculous　ばかばかしい

☐ like a challenge　やりがいのあること　　☐ like a good book　良書

☐ like a popular spot　人気スポット

☐ like a nice restaurant　すてきなレストラン

☐ like he's still angry　彼はまだ怒っている

☐ like it was a wonderful wedding　すばらしい結婚式だった

次のような点にも注目すると表現の幅が広がります。

✏️「おいしそう」は何と言う？

食べ物の説明を聞いて「おいしそう」と思ったら、何と言ったらいいでしょうか。Sounds good. ですね。では、料理の写真や飲食店の食品サンプルを見て「(これ) おいしそう」と言う場合は？　(This) Looks good. と言います。good は tasty でも OK です。

このように、Sounds ~. を Looks ~. に替えて応用することができます。look は「〜に見える、〜のように見える」という意味で、目にしたことについて使います。例えば、いかにも高価そうなバッグを見て Looks expensive.（高そうだね）という具合です。空欄に入る語句は Sounds ~. と同じ。耳からの情報なのか、目からの情報なのかによって使い分けるようにしましょう。

Sounds good.

Looks good.

041

21 | 気持ちを伝える1

You look ~.
～のようですね。

✎ どんな場面で使う？

相手の見た目から状況や気持ちを推測して「～のようですね」と声をかけるときに使います。この look は、91 ページでも触れた「～に見える、～のように見える」という意味です。

✎ 空欄に入るのは？

空欄に入る内容を 3 パターンに分けてみましょう。

形容詞	You look sleepy. (眠そうですね) You look excited. (わくわくしているみたいね)
like ＋名詞 ※ look like ~ は「～に似ている」 という意味でも使う	You look like a movie star. (映画スターのよう (な風貌) ですね) You look like your mother. (お母さんに似ていますね)
like ＋文	You look like you changed cars. (車を替えたようですね) You look like you're practicing hard. (しっかり練習しているようですね)

✎ 否定文は？

否定文は You don't look ~. です。見た目から推測して「あなたは～ではなさそうですね」というときに使います。

例 | You don't look happy.　うれしくなさそうですね。
　 | You don't look well.　具合が悪そうですね。
　 | You don't look like you're interested in the movie.
　 | その映画には興味がなさそうですね。

○これだけは言えるようになりたい基本表現

1
□□□
お疲れのようですね。
You look (　　).
💡疲れている　tired

2
□□□
お忙しそうですね。
You look (　　).

3
□□□
幸せそうですね。
You look (　　).

4
□□□
自信がおありのようですね。
You look (　　).
💡自信がある　confident

5
□□□
顔色が悪いですよ。
You look (　　).
💡顔色が悪い　pale

○これで差がつくプラスアルファの表現

6
□□□
今日は雰囲気が違いますね。
You look (　　) today.
💡違う　different

7
□□□
あなたはパーティーを楽しんでいるようですね。
You look (　　　).

042

1　You look tired.

［解説］疲れているように見える人、寝不足に見える人に言います。「かなりお疲れのようですね」なら very tired や exhausted（[イグ**ゾ**ースティッド] と発音）とします。

2　You look busy.

［解説］「とても忙しそうですね」なら、very busy とします。くだけて、crazy busy と言うこともあります。「めちゃくちゃ忙しい」というニュアンスです。

3　You look happy.

［解説］「幸せそうですね」のほか、「うれしそうですね」という意味でも使います。Something nice happened?（何かいいことあった?）と続けてみましょう。

4　You look confident.

［解説］confident は「自信がある」という意味です。反対に「自信がない」は unconfident です。

5　You look pale.

［解説］pale は「顔色が悪い」「顔が青白い」という意味です。You don't look very well. と言っても同じニュアンスになります。

6　You look different today.

［解説］日本語が「雰囲気が違う」となっているので、「雰囲気」も英語で表したくなりますが、look different だけで「雰囲気が違う」のニュアンスが出ます。こんな日英の違いにも注意しましょう。

7　You look like you're enjoying the party.

［解説］文が続くときは You look like ~. とします。「～を楽しんでいる」は enjoy の現在進行形で表します。90 ページの問題 7 でも出てきましたね。

空欄には次のようなことばを入れることもできます。

□ down 落ち込んだ □ confused 困惑した
□ bored 退屈した □ sophisticated 洗練された
□ rich お金持ちの □ like a fashion model ファッションモデル
□ like you're ready for the trip 旅行の準備ができている
□ like you're surprised at the news その知らせに驚いている

次のような点にも注目すると表現の幅が広がります。

✎ **You look ~. で「~が似合う」も表せる!**

帽子やジャケットなど、相手の身につけているものが似合っているときは〈You look nice in＋衣類〉を使います。nice を good に変えたり、「よく似合っている」場合は great や awesome などにしてもいいでしょう。

例 | You look nice in that hat.
　　その帽子、似合っていますね。
　　You look great in that shirt.
　　そのシャツ、よくお似合いですね。
　　You look awesome in those sunglasses.
　　そのサングラス、すごく似合っていますね。

✎ **〈It looks like＋文〉のパターン**

You look like ~. が相手を観察して判断したときに使うのに対し、状況や発言、兆候などからそのように見えた（感じた）ときは〈It looks like ~〉とします。

例 | It looks like you two are good friends.
　　あなたたち 2 人はよい友だちみたいですね。

043

22 | 気持ちを伝える 2

I want to ~.

～したいな。

STEP 1　基本レッスン

✎ どんな場面で使う？

「～したいな」と自分の希望や願望を伝えるときに使う最も一般的な表現です。

✎ 空欄に入るのは？

空欄には、try（やってみる）や sleep（眠る）など動詞の原形を入れます。go on a trip（旅行する）のような動詞のかたまりも使いこなせると便利ですね。名詞や形容詞を使って「～になりたい」という希望や夢を語るときは、I want to be a doctor.（医者になりたい）/ I want to become famous.（有名になりたい）のように、be や become を使います。また、形容詞の場合は get も使えます。

✎「～できるようになりたい」の言い方

「～できる」は can ですが、want to には can を続けることができないため、be able to に置き換えて I want to be able to ~. とします。空欄には動詞の原形が入ります。

例 | I want to be able to speak English well.
　 | 英語がうまく話せるようになりたい。

✎ 発音のポイント

want to の発音は［ワントゥー］ですが、会話ではくだけて［ワナ］と発音することがあります。

✎ 過去形、否定文、疑問文の作り方

過去形、否定文、疑問文のバリエーションも覚えておきましょう。

過去形	I wanted to ~.（～したかった）
否定文	I don't want to ~.（～したくない、～するのはいやだ）
過去の否定文	I didn't want to ~.（～したくなかった、～するのはいやだった）
疑問文	Do you want to ~?（～したいですか？）

○これだけは言えるようになりたい基本表現

1
□□□
泳ぎに行きたいな。

I want to (　　).

💡泳ぎに行く　go swimming

2
□□□
金持ちになりたい。

I want to (　　).

💡金持ちの　rich（動詞を補う）

3
□□□
いつかバンジージャンプをやってみたい。

I want to (　　) someday.

💡バンジージャンプ　bungee jumping ／〜をやってみる　try

4
□□□
無性にアイスクリームが食べたい。

I (　　) want to (　　).

💡無性に　really

5
□□□
ピアノが弾けるようになりたいな。

I want to (　　　　).

○これで差がつくプラスアルファの表現

6
□□□
異動するのはいやだな。

I (　　) want to (　　　　).

💡異動する　get transferred

7
□□□
休憩を取りたいですか？

(　　) want to (　　　　)?

💡休憩を取る　take a break

97

044

1　I want to go swimming.

［解説］ レクリエーション的なことは go -ing で表すことが多いです。go shopping（買い物に行く）、go hiking（ハイキングに行く）、go snowboarding（スノボーをしに行く）、go grape picking（ぶどう狩りに行く）など。

2　I want to be rich.

［解説］ rich は形容詞なので、動詞 be を補います（become や get も可）。rich の類語には well-off（裕福な）や wealthy（富裕な）もあります。

3　I want to try bungee jumping someday.

［解説］ 挑戦してみたいことには try を使いましょう。「バンジージャンプ」は bungee jumping とします。

4　I really want to eat ice cream.

［解説］「無性に」は「ものすごく」と考えて、want to の前に really を入れましょう。

5　I want to be able to play the piano.

［解説］ 今できないことができるようになりたいときは、want to be able to を使います。

6　I don't want to get transferred.

［解説］ したくないときは don't want to と否定形にします。「異動する」は get transferred または be transferred と表します。

7　Do you want to take a break?

［解説］「～したいですか?」と相手に聞くときは、Do you want to ~?とします。「休憩を取る」は take a break や take a breather と言います。

空欄には次のようなことばを入れることもできます。

☐ watch TV　テレビを見る　　☐ go to the movies　映画を見に行く

☐ have a cat　猫を飼う　　☐ get a haircut　髪を切る

☐ go to Europe　ヨーロッパへ行く　　☐ learn cooking　料理を習う

☐ go back to my hometown　帰省する

☐ go out with her　彼女と付き合う

☐ work part-time　アルバイトをする

☐ live in a big house　大きな家に住む

次のような点にも注目すると表現の幅が広がります。

🖊 強調するには

問題 4 で出てきたように、強い希望を表したければ、really（とても、すごく）や absolutely（どうしても、絶対に）を want to の前に入れて表します。使い方を見てみましょう。

例 | I <u>really</u> want to see that movie.
　 | その映画を<u>すごく</u>見たい。
　 | I <u>absolutely</u> want to go to the concert.
　 | <u>どうしても</u>そのコンサートに行きたい。

045

23 | 気持ちを伝える 2

I want 人 to ~.

（人）に~してほしいな。

STEP 1　基本レッスン

✏ どんな場面で使う？

「（人）に~してほしいな」「（人）に~してもらいたい」と他人に対する望みや願望を表すときに使います。

✏ 空欄に入るのは？

「人」の位置には望みの対象者を、to のあとには動詞の原形を続けます。「人」だけでなく、物や物事にも使えます。

例 | I want <u>my parents</u> to <u>live long</u>.　両親に長生きしてもらいたい。
　　| I want <u>Japan</u> to <u>win</u>.　日本に勝ってほしいな。
　　| I want <u>spring</u> to <u>come soon</u>.　早く春が来ないかな。

✏ 強調するには

強い希望は、just（ただ、単に）や really（とても、すごく）を want の前に入れて表します。

例 | I <u>just</u> want him to say sorry.　ただ彼に謝ってほしいだけ。
　　| I <u>really</u> want the rain to stop.　ほんと、雨がやんでほしい。

✏ 過去形、否定文、疑問文の作り方

過去形、否定文、疑問文のバリエーションも覚えておきましょう。

過去形	I wanted 人 to ~. （（人）に~してもらいたかった）
否定文 過去の否定文	I don't want 人 to ~. （（人）に~しないでほしい、（人）に~されるのがいやだ） I didn't want 人 to ~. （（人）に~しないでほしかった）
疑問文	Do you want 人 to ~? （（人）に~してもらいたいですか？）

STEP 2 　問題　空欄に適切なことばを入れましょう。2語以上入ることもあります。

○ これだけは言えるようになりたい基本表現

1
☐☐☐ 彼女にそのことを知ってほしいな。
I want (　　) to (　　).

2
☐☐☐ 夫にタバコをやめてほしい。
I want (　　) to (　　).
💡タバコをやめる　quit smoking

3
☐☐☐ 父にいくらかお金を貸してもらいたい。
I want (　　) to (　　).
💡〜に…を貸す　lend ~ ...

4
☐☐☐ 彼に毎日電話してくるのをやめてほしい。
I (　　) want (　　) to (　　) every day.

5
☐☐☐ 休暇が終わってほしくないな。
I (　　) want (　　) to (　　).
💡休暇　vacation ／終わる　end

○ これで差がつくプラスアルファの表現

6
☐☐☐ 彼女のインスタに、私の写真を投稿しないでもらいたい。
I (　　) want (　　) to (　　　　).
💡彼女のインスタに　on her Instagram ／私の写真を投稿する
post my photos

7
☐☐☐ 私が予約しておこうか？
(　　) you want (　　) to (　　　　)?
💡予約する　make a reservation

046

1　I want her to know that.

［解説］事実などを知っていてほしいときに使う表現です。I don't want her to know that. なら「そのことを彼女に知られたくない」という意味になります。

2　I want my husband to quit smoking.

［解説］習慣などをやめる場合は、quit または stop を使います。これらの動詞のあとには、名詞または動詞の ing 形が続きます。

3　I want my father to lend me some money.

［解説］お金や物を貸すときは lend を使います。〈lend 人 …〉または〈lend … to 人〉と表します。

4　I don't want him to call me every day.

［解説］「〜するのをやめてほしい」「〜しないでほしい」という否定は、I don't want 人 to 〜. で表します。「〜に電話する」は call です。

5　I don't want my vacation to end.

［解説］「休暇」は vacation と言います。自分の休暇なので my を忘れないようにしましょう。

6　I don't want her to post my photos on her Instagram.

［解説］SNS などへ「〜を投稿する」は post を使って表します。Instagram は、Facebook（フェイスブック）や blog（ブログ）などと差し替えて応用してもいいでしょう。

7　Do you want me to make a reservation?

［解説］「私が〜しましょうか？」という申し出は、Do you want me to 〜? で表します。「予約」という単語に注意。レストランやホテルの予約は reservation、医者や美容室の予約は appointment です。

空欄（to 以降）には次のようなことばを入れることもできます。

☐ regret 後悔する　☐ come to the party パーティーに出席する

☐ go with me 私と一緒に行く　☐ study hard 一生懸命に勉強する

☐ become a teacher 先生になる

☐ give me a raise 昇給してもらう

☐ make dinner 夕食を作る　☐ walk the dog 犬の散歩をする

☐ stay healthy forever いつまでも健康でいる

次のような点にも注目すると表現の幅が広がります。

✏ Do you want me to ~? のニュアンス

問題 7 に出てきた「人」に me を入れた疑問文について説明しましょう。直訳は「私に〜してほしいですか？」で、横柄に思えるかもしれませんね。ですが、ネイティブは「私が〜しましょうか？」くらいの感覚で、申し出をするときによく使います。どちらかというと気遣い表現なのです。

例 | Do you want me to help you?
　 | 手伝いましょうか？
　 | Do you want me to open it?
　 | それを開けてあげましょうか？

Do you want me to open it?

103

047

24 | 気持ちを伝える 2

I feel like ~.

～したい気分です。

✎ どんな場面で使う？

「～したい気分だ」という気持ちを表す表現です。22. I want to ~. と同じように使いますが、I feel like ~. のほうが控えめな希望や願望を表します。

✎ 空欄に入るのは？

空欄には通常、動詞の ing 形を入れます。「イタリア料理を食べたい気分だ」なら、eat を ing 形にして I feel like eating Italian food. とします。「今夜は家で映画を見たい気分」なら、watch を ing 形にして I feel like watching a movie at home tonight. です。ただし、動詞の ing 形がなくても意味が明確な場合は、〈I feel like ＋名詞〉としてもかまいません。つまり、先述の文は、I feel like Italian food. / I feel like a movie at home tonight. と表すこともできます。

✎ 過去形と否定文

過去形と否定文は次のように表します。

過去形	I felt like ~. （～したい気分だった）
否定文	I don't feel like ~. （～する気分ではない）
過去の否定文	I didn't feel like ~. （～する気分ではなかった）

✎ 疑問文

Do you feel like ~? は「～したい気分ですか？」という意味のほかに、「よかったら～しませんか？」と遠回しに誘う場合にも使います。

例 | Do you feel like going for a drive?　ドライブに行きたい気分ですか？
Do you feel like having dinner with me?　一緒に夕食でもどうですか？

また、what を使って相手の希望を聞くこともできます。

例 | What do you feel like eating?　何が食べたい気分ですか？
What do you feel like doing tomorrow?　明日は何がしたい？

　空欄に適切なことばを入れましょう。2語以上入ることもあります。

○これだけは言えるようになりたい基本表現

1
□□□
泣きたい気分だよ。
I feel like (　　).

2
□□□
飲みたい気分だ。
I feel like (　　).
💡飲む　have a drink（have を ing 形に）

3
□□□
買い物に行きたい気分です。
I feel like (　　).
💡買い物に行く　go shopping（go を ing 形に）

4
□□□
ドカ食いしたい気分だ。
I feel like (　　).
💡ドカ食いする　binge eat（ing 形に）

5
□□□
髪をばっさり切りたい気分だわ。
I feel like (　　).
💡髪をばっさり切る　cut *one*'s hair really short（cut を ing 形に）

○これで差がつくプラスアルファの表現

6
□□□
今日は何もしたくない気分。
I feel like (　　　　) today.
💡何もしない　do nothing（do を ing 形に）

7
□□□
昨日は誰とも話す気分ではなかった。
I (　　) feel like (　　　　).
💡誰とも（〜ない）　anyone

048

1　I feel like crying.

［解説］いやなこと、悲しいことがあったときの定番表現です。

2　I feel like having a drink.

［解説］「（お酒を）飲む」は have a drink と表すのが一般的です。I feel like drinking. と言うこともできます。

3　I feel like going shopping.

［解説］go shopping は通常、洋服や靴、雑貨などの買い物を指します。スーパーへ食料品を買いに行くときは go grocery shopping とします。

4　I feel like binge eating.

［解説］binge は「しまくる」という意味で、binge eat で「食べまくる、ドカ食いする」、binge drink で「飲みまくる、がぶ飲みする」、binge watch で「（ドラマなどを）見まくる」を表します。

5　I feel like cutting my hair really short.

［解説］cut my hair really short（髪をすごく短く切る）で「ばっさり切る」ニュアンスが出ます。くだけて、chop my hair off と言う人もいます。

6　I feel like doing nothing today.

［解説］「何もしたくない気分」には表し方が2つあります。肯定の I feel like + doing nothing にするか、否定の I don't feel like + doing anything です。前者のほうが、やりたくない気持ちが強調されます。

7　I didn't feel like talking to anyone yesterday.

［解説］問題6と同じく I felt like と肯定にして、I felt like talking to no one yesterday. と表すこともできます。

空欄には次のようなことばを入れることもできます。

☐ cooking 料理する　☐ reading 読書をする

☐ staying home 家にいる　☐ going out 出かける

☐ dressing up おしゃれをする　☐ running away 逃げ出す

☐ going to the beach 海へ行く

☐ eating something sweet 何か甘い物を食べる

☐ learning something new 何か新しいことを学ぶ

次のような点にも注目すると表現の幅が広がります。

🖋 似た意味のバリエーション

似た意味の表現に、I'm in the mood for ~. があります。「~の気分だ」という意味で、for のあとには名詞が続きます。〈to ＋動詞の原形〉を続けると「~したい気分だ」になります。

例 | I'm in the mood for karaoke.
カラオケの気分だ。
I'm in the mood to change curtains.
カーテンを替えたい気分。
I'm not in the mood to see anyone today.
今日は誰とも会う気になれない。

> 似た意味の表現も
> 少しずつ覚えていこう

049

25 | 気持ちを伝える 2

I hope ~.

〜だといいな。

✏️ どんな場面で使う？

「〜だといいな」と希望や願望を表します。実現の可能性がある事柄について、期待を込めた表現です。

✏️ 空欄に入るのは？

空欄には次のパターンが続きます。

to ＋動詞の原形	自分自身のことについて使います。「〜する・できるといいな」というニュアンスです。
	I hope to pass the exam.（試験に合格するといいな）
（that）＋文	「ほかの人や事柄がそうなるといいな」と願う気持ちを表します。that は省略するのが一般的。〈I hope I can ＋動詞の原形〉の形にすれば、I hope to ~. と同じように「（自分自身が）〜できるといいな」を表せます。
	I hope he'll pass the exam.（彼が試験に合格するといいな）
	I hope I can get a ticket.（チケットが取れるといいな）

✏️ 未来のことに関する望み

I hope（that）で未来についての望みを表すとき、通常は will などの未来形を使いますが、くだけて現在形で表すこともあります。どちらを使っても意味や強さに違いはありません。

例 ┃ 娘が安産だといいと思う。
┃ I hope my daughter <u>will have</u> a safe delivery.
┃ I hope my daughter <u>has</u> a safe delivery.

※ will は he や she などの代名詞が主語の場合、he'll のように短縮するのが一般的です。

○これだけは言えるようになりたい基本表現

1
□□□
またあなたに会えるといいな。

I hope to (　　).

2
□□□
いつか世界中を旅したいな。

I hope to (　　) someday.

💡世界中を旅する　travel the world

3
□□□
彼女がプレゼントを気に入るといいな。

I hope (　　　　).

💡〜を気に入る　like

4
□□□
息子さんの就職が決まるといいですね。

I hope (　　　　).

💡就職が決まる　get a job

5
□□□
（体調が）早くよくなるといいですね。

I hope (　　　　).

💡（体調が）よくなる　get better

○これで差がつくプラスアルファの表現

6
□□□
彼女がパリでの生活を楽しんでいますように。

I hope (　　　　).

7
□□□
30歳までに起業できるといいな。

I hope (　　　　).

💡〜歳までに　before I'm ~ ／起業する　start my business

109

STEP 2　解答・解説　　答え合わせです。音声を聞きながら、自分でも発音してみましょう。

1　I hope **to** see you again.

［解説］再会できるかわからない相手に言う表現です。again を soon にすればときどき会う相手にも使えますが、同僚など毎日会う人には使いません。

2　I hope **to** travel the world **someday**.

［解説］「世界中を旅する」は travel over the world や travel around the world とも言えます。someday（いつか）は I hope to と相性のよい単語です。

3　I hope she'll like the present.

［解説］未来のことに対する希望は現在形で表すことも可能なので、I hope she likes the present. としても OK です。

4　I hope your son will get a job.

［解説］問題 3 と同様、I hope your son gets a job. と現在形で表すこともできます。

5　I hope you get better soon.

［解説］体調を崩したり、けがをしたり、入院している人に言う定番表現です。I hope you'll get better soon. と未来形で表すこともできます。

6　I hope she's enjoying her life in Paris.

［解説］「彼女がパリでの生活を楽しんでいる」は現在のことなので、she's enjoying... と現在進行形にします。she's having a good time in Paris としてもいいでしょう。

7　I hope I can start my business before I'm 30.

［解説］I hope to start my business... とすることもできます。「30 歳」は 30 years old が正確ですが、年齢を指すことが明らかな場合は数字だけでかまいません。

空欄には次のようなことばを入れることもできます。

☐ lose weight　やせる

☐ visit there again　またそこを訪れる

☐ get the license　その資格を取る

☐ make new friends　新しい友だちを作る

☐ meet the deadline　締め切りに間に合う

☐ he'll become a lawyer　彼が弁護士になる

☐ everything will be OK　すべてうまくいく

☐ my presentation will go well　プレゼンがうまくいく

☐ Dad will say OK　お父さんが OK してくれる

☐ it won't rain this Sunday　今度の日曜日に雨が降らない

次のような点にも注目すると表現の幅が広がります。

✐ くだけた言い方

くだけた会話や SNS では、主語の I を省略して Hope ~ とすることもあります。

例 ｜ Hope he's OK.　彼が無事だといいけど。

✐ 「そうだといいな」「そうじゃないといいな」は？

会話では相手の発言に対して、I hope so.（そうだといいな）、I hope not.（そうじゃないといいな）と答えることがあります。便利なので覚えておきましょう。

例 ｜ A: Will she join us?　彼女も参加するかな？
　　 B: I hope so.　そうだといいね。

例 ｜ A: Do you think the typhoon will hit here?
　　 　台風が直撃すると思う？
　　 B: I hope not.　しないといいけど。

051

26 | 気持ちを伝える 2

I wish ～.

～だったらいいのに。

STEP 1 基本レッスン

✐ どんな場面で使う？

実現の可能性がない、または限りなく低い望みについて「～だったらいいのに」と半ば諦めの気持ちを表します。また、「(実際はそうではないけれど) ～できたらいいのに」という現実に反する願望や、「(絶対に無理だとわかっているけれど) ～だったらいいのに」「(まずそうはならないだろうけれど) そうなったらいいなぁ」というはかない望みを表します。

✐ 空欄に入るのは？

空欄には次のパターンが続きます。

現在・未来のことは過去形の文で表す	I wish I could go back to my college days. (大学時代に戻れたらなぁ) I wish she was here with me. (彼女が今、隣にいたらなぁ)
過去のことは〈had＋動詞の過去分詞形〉で表す	I wish I had met him earlier. (もっと早く彼に出会っていたらなぁ) I wish I had saved more money when I was younger. (若いうちにもっとお金を貯めておいたらなぁ)

✐ 現在のことを be 動詞で表す場合

例えば、実際はそれほど背が高くない人について「もっと背が高かったらなぁ」と言う場合、I wish I/he was taller. (私／彼がもっと背が高かったらなぁ)のように表します。文法的には I wish I/he were taller. のように、主語にかかわらず be 動詞を were にするのが正しいのですが、現在では、主語が I, he, she, it の場合は was を使うのが一般的になっています。(学校のテストでは、解答に were を求められることがあります。)

○ これだけは言えるようになりたい基本表現

1
□□□
あなたが私の先生だったらいいのになぁ。
I wish (　　　　).

2
□□□
明日が日曜日だったらいいのに。
I wish (　　　　).

3
□□□
あと 20 歳若かったらなぁ。
I wish (　　　　).
💡 20 歳若い　20 years younger

4
□□□
スペイン語が話せたらなぁ。
I wish (　　　　).

5
□□□
夫がもっと家事をしてくれたらいいのに。
I wish (　　　　).
💡 もっと家事をする　do more housework

○ これで差がつくプラスアルファの表現

6
□□□
クリスマス当日は仕事が休みだったらいいのに。
I wish (　　　　).
💡「クリスマスの日に仕事をしなくてよかったらなぁ」と考える

7
□□□
あの仕事の依頼を引き受けていたらなぁ。
I wish (　　　　).
💡 仕事の依頼　job offer ／〜を引き受ける　take（過去分詞形に）

　答え合わせです。音声を聞きながら、自分でも発音してみましょう。

1　I wish you were my teacher.

［解 説］現在の望みなので、「あなたが私の先生だ」you are my teacher の are を were にします。

2　I wish tomorrow was Sunday.

［解 説］未来の望みなので、「明日は日曜日だ」tomorrow is Sunday の is を was または were にします。

3　I wish I was 20 years younger.

［解 説］現在のことなので、「私は 20 歳若い」I'm 20 years younger の am を was または were にします。

4　I wish I could speak Spanish.

［解 説］現在のことなので、「私はスペイン語を話せる」I can speak Spanish の can を could にします。I wish I spoke Spanish としても OK です。

5　I wish my husband would do more housework.

［解 説］「夫がもっと家事をしてくれる」の「〜してくれる」は will で表し、my husband will do more housework となります。この will を would にしましょう。housework を household chores にしても OK です。

6　I wish I didn't have to work on Christmas Day.

［解 説］「クリスマスの日は働かなくてもいい」と考えて、I don't have to work on Christmas Day の don't を didn't にします。

7　I wish I had taken that job offer.

［解 説］過去のことなので、「私はあの仕事の依頼を引き受けた」I took that job offer の took を had taken にします。

空欄には次のようなことばを入れることもできます。

□ I wasn't so tired now　今それほど疲れていない
□ he lived near me　彼が近くに住んでいる
□ I had the money to buy it　それを買うお金がある
□ I knew how to fix it　それの直し方を知っている
□ I could have a pet　ペットを飼える
□ I could turn back the clock　時間を戻すことができる
□ she was more understanding　彼女にもっと理解がある
□ I hadn't heard the truth　本当のことを聞かなかった
□ I had studied harder in my school days　学生時代にもっと勉強していた

次のような点にも注目すると表現の幅が広がります。

✒ 残念な気持ちは could で表す

イベントに来られない相手に I wish you could come.（あなたが来られたらいいのに）と伝えたり、もう帰らないと行けない状況で I wish I could stay longer.（もっと長くいられたらいいのに）と言ったりしますが、これらは「あなたが来られないのが残念」「長居できないのが残念」というニュアンスです。

✒ I wish you ~. とは文の成り立ちが違う

05. で I wish you ~. という表現が出てきましたが、その wish とは成り立ちが違うので注意しましょう。I wish you ~. は「～を祈っています」「～でありますように」という意味で、I wish you のあとに名詞や形容詞と名詞の組み合わせが続きます。
wish が祈念を表すのか、実現の可能性がない（または低い）ことに対する諦めの気持ちを表すのかは、続く語順で判断します。少し難しいですが、何度も使って慣れていきましょう。

053

27 | 気持ちを伝える 3

What ～!
すごい～だ！／なんて～だろう！

STEP 1　基本レッスン

🖊 どんな場面で使う？

驚きや感動などの強い気持ちを表すときに使います。この what は「なんという」という意味で、「すごい～だ！」「なんて～だろう！」といったニュアンスで使います。このような文を「感嘆文」と呼びます。

🖊 空欄に入るのは？

空欄には a surprise（驚き）や a play（（スポーツの）プレー）などの名詞や、a big house（大きな家）や cute kittens（かわいい子猫）といった〈形容詞＋名詞〉を入れます。数えられる名詞の場合、単数なら〈What a/an ～!〉、複数なら〈What ～s!〉とします。

例 | What a surprise!　まぁ、びっくり！
 | What a play!　すごいプレーだ！
 | What a big house!　なんて大きな家だろう！
 | What cute kittens!　なんてかわいい子猫たち！

🖊 〈主語＋動詞〉が続くパターン

どんな名詞なのかを具体的に表すために〈主語＋動詞〉を続けることもあります。「なんて分厚い本だろう！」は What a thick book! ですが、〈主語＋動詞〉を続けると次のように具体化できます。

例 | What a thick book <u>this is</u>!　これはなんて分厚い本だろう！
 | What a thick book <u>he wrote</u>!　彼はすごい分厚い本を書いたなぁ！
 | What a thick book <u>you're reading</u>!
 | まぁ、なんて分厚い本を読んでいるの！

STEP 2 | 問題 | 空欄に適切なことばを入れましょう。2語以上入ることもあります。

○これだけは言えるようになりたい基本表現

1 **なんてもったいない！**
□□□ **What (　　)!**
💡もったいないこと　a waste

> 1〜3は
> 冠詞 a を忘れずに

2 **すごく残念！**
□□□ **What (　　)!**
💡残念なこと　a shame

3 **すごい偶然だ！**
□□□ **What (　　)!**
💡偶然（のできごと）　a coincidence

4 **（朝市で）なんて新鮮な野菜でしょう！**
□□□ **What (　　)!**

○これで差がつくプラスアルファの表現

5 **すごくわくわくする試合！**
□□□ **What (　　)!**
💡わくわくするような　exciting ／試合　game

6 **彼はなんてカッコいい車に乗っているんだろう！**
□□□ **What (　　　)!**
💡カッコいい　cool ／（車）に乗っている＝「（車）を持っている」と考える

7 **私ったら、なんてうっかりミスをしたんだろう！**
□□□ **What (　　　)!**
💡うっかりミス　careless mistake ／（ミス）をする　make（過去形に）

054

1   What a waste!

［解説］「なんてもったいない！」と言うときの定番表現です。What a waste of time!（すごい時間の無駄！）のように、of ~ を続けると具体的に表せます。

2   What a shame!

［解説］結果が良くなかった、一緒に出かける予定の友だちが急に行けなくなったなど、残念な状況で使うとぴったりです。

3   What a coincidence!

［解説］偶然の出来事に出くわしたり、偶然の事実を耳にしたりしたときに言います。coincidence の発音は［コウ**イ**ンスィデンス］です。

4   What fresh vegetables!

［解説］朝市にはさまざまな野菜があるので、vegetables と複数形にしましょう。vegetable は veggie と短縮することもあります。

5   What an exciting game!

［解説］exciting が母音で始まっているので、a ではなく an にします。game は baseball や volleyball など -ball の付く球技の試合に使い、個人やペア対抗の試合は match で表すのが一般的です。

6   What a cool car he has!

［解説］「乗っている」は「持っている」と考えて has で表しましたが、drives（運転する）でも OK です。

7   What a careless mistake I made!

［解説］careless は「うかつな、不注意な」、mistake は「ミス、誤り」のこと。いくつかミスをした場合は careless mistakes とします。

空欄には次のようなことばを入れることもできます。

□ a relief 安心、安堵　　□ a let-down がっかり

□ a hassle 面倒　　□ a nerve 図々しさ

□ a shock ショック　　□ a joke 冗談

□ a mess 散らかり、乱雑さ　　□ nonsense ばかげた考え・行動

□ a good idea いい考え　　□ a hot day 暑い日

□ a beautiful day いい天気　　□ tasty cookies おいしいクッキー

□ a great view すばらしい景色

□ an expensive watch 高価な腕時計

次のような点にも注目すると表現の幅が広がります。

✏ What a day! と What luck!

What を使った感嘆文でネイティブがよく使う表現に、What a day! と What luck! があります。What a day! は「なんて日だ!」という意味で、良いことが起きた状況で言えば「まぁ、なんていい日なの!」、大変な状況で使えば「まったくなんて日だ!」というニュアンス。同様に、幸運に恵まれたときに What luck! と言えば「なんてラッキーなんだろう!」「わぁ、ついてる!」、不運のときなら「まったくついてないな!」となります。どちらを表しているかは、声のトーンや顔の表情、状況で判断します。

自分で使ってみる場合、形容詞を添えて What a good day! (なんていい日だ!)、What bad luck! (ついてないな!) と表してもいいでしょう。ちなみに、luck は数えられない名詞なので、単数の冠詞 a や複数形の s は付けません。

055

28 ｜ 気持ちを伝える 3

How ~!

すごく～だ！／なんて～だろう！

STEP 1 　基本レッスン

✎ どんな場面で使う？

27. What ~! と同様、How ~! も驚きや感動などの強い気持ちを表す感嘆文です。この how は「なんと」という意味で、「すごく～だ！」「なんて～だろう！」といったニュアンスになります。

✎ 空欄に入るのは？

空欄には big（大きい）や boring（つまらない）などの形容詞、loudly（大声で）や beautifully（美しく）といった副詞を入れます。誰のことか、何のことかを具体的に表すために〈主語＋動詞〉を続けることもありますが、フォーマルに聞こえるため、会話では〈How＋形容詞！〉の形が一番よく使われれます。

例　｜ How big!　デカっ！
　　｜ How boring this movie is!
　　｜ この映画はなんてつまらないんだろう！
　　｜ How loudly he talks!　彼はなんて大声で話すんだ！
　　｜ （くだけて How loud he talks! とすることもある）
　　｜ How beautifully she dances!　彼女はなんて美しく踊るのだろう！

✎ 人の行動やふるまいに用いる〈How ~ of 人！〉

How kind of you! や How rude of him! のような〈How ~ of 人！〉という表現を見聞きしたことがあるかもしれません。これは「人」の行動やふるまいに対し「なんて～なのだろう！」という意味で使い、空欄には主に性格を表す形容詞が入ります。また、「～するとは」を続けるときは〈to ＋動詞の原形〉を使います。

○これだけは言えるようになりたい基本表現

1
□□□
超ラッキー！
How (　　)!

2
□□□
すごくおいしい！
How (　　)!
💡とてもおいしい　delicious

3
□□□
（値段が）高っ！
How (　　)!
💡（値段が）高い　expensive

4
□□□
これ、超便利！
How (　　)!
💡便利な　convenient

5
□□□
なんて面白いんだろう！
How (　　)!
💡面白い　funny

6
□□□
すごいビックリ！
How (　　)!
💡ビックリするような　surprising

○これで差がつくプラスアルファの表現

7
□□□
一緒に来てくれて、あなたはなんて優しいの！
How (　　　　)!
💡「一緒に来る」は「私と来る」と考える

056

1　How lucky!

［解説］ いいことがあったときや、ついているときに言います。反対に「ホントついてない！」と言うなら、How unlucky! です。

2　How delicious!

［解説］ delicious を tasty にしても OK です。

3　How expensive!

［解説］ 値段が「高い」は expensive ですが、くだけて pricy と言うこともあります。逆に「安い」は cheap です。

4　How convenient!

［解説］ convenient は「便利な」状況のほか、「使い勝手がいい」「使いやすい」「都合がいい」などの意味もあります。使い回しが利く単語なので覚えておきましょう。

5　How funny!

［解説］ funny は「面白い」「おかしい」「こっけいな」という意味。似た単語の fun は「楽しい」を表します。

6　How surprising!

［解説］ 驚くようなことを目にしたり、耳にしたときに使います。surprised としないように注意しましょう。

7　How nice of you to come with me!

［解説］ nice は kind や sweet でも OK です。「一緒に来てくれて」は「私といっしょに来る」と考えて come with me とします。

空欄には次のようなことばを入れることもできます。

☐ easy　簡単な　☐ difficult　難しい
☐ cute　かわいい　☐ scary　怖い
☐ spicy　辛い　☐ disappointing　がっかりさせる
☐ useful　役立つ　☐ gorgeous　豪華な
☐ smart　賢い　☐ stupid　ばかな、おろかな
☐ comfortable　心地よい　☐ sad　悲しい
☐ slowly he replies　彼はゆっくり返信する
☐ clearly she talks　彼女はハキハキ話す
☐ skillfully he played　彼は巧みにプレーした
☐ carefully she chose her words　彼女は慎重にことばを選んだ

次のような点にも注目すると表現の幅が広がります。

✏ 〈How ~ of 人 !〉のさまざまな形

120ページで説明した〈How ~ of 人 !〉についてもう少し詳しく見てみましょう。空欄に入る代表的な形容詞というと、kind（親切な）、nice, sweet（優しい）、polite（礼儀正しい）、brave（勇気のある）、generous（寛大な）、honest（正直な）、thoughtful（思いやりのある）、rude（失礼な）、selfish（わがままな）などです。例を挙げましょう。

例 | How kind of you!　まぁ、ご親切に！
How nice of you!　あなたはなんて優しいんでしょう！
How polite of him to call me to say thank you!
わざわざお礼の電話をするとは、彼はなんて礼儀正しいんだろう！

〈of 人〉のパターンが使いづらければ、次のように表すこともできます。

例 | How kind you are!
How nice you are!
How polite he is to call me to say thank you!

057

29 | 気持ちを伝える 3

I can't wait ~.

~が待ち遠しいな。

STEP 1 基本レッスン

✎ どんな場面で使う？

非常に楽しみにしていること、心待ちにしていることを表すときの表現です。

直訳は「～を待つことができない」ですが、「～が待ち遠しい」「～が楽しみだ」
「早く～したい」といったニュアンスで使います。

✎ 空欄に入るのは？

空欄に入る内容を 3 パターンに分けてみましょう。

〈for ＋名詞〉 「～が待ち遠しい」	I can't wait for Christmas. （クリスマスが待ち遠しいな） I can't wait for the concert this weekend. （今週末のコンサートが楽しみ）
〈to ＋動詞の原形〉 「～するのが待ち遠しい」	I can't wait to see him.（彼に会うのが待ち遠しい） I can't wait to watch the next episode of this drama. （このドラマの次話を早く見たいな）
〈for A to ＋動詞の原形〉 「A が～するのが待ち遠しい」「A が早く～しないかな」 ※ A には人・物のどちらも入る	I can't wait for her to come back to Japan. （彼女が日本に帰ってくるのが待ち遠しい ＝彼女の帰国が待ち遠しい） I can't wait for my order to arrive. （注文商品が早く届かないかな）

○これだけは言えるようになりたい基本表現

1
□□□
明日が待ち遠しいな。
I can't wait (　　　).

2
□□□
春が待ち遠しいな。
I can't wait (　　　).

3
□□□
高校の同窓会が楽しみ。
I can't wait (　　　).
💡高校の同窓会　high school reunion

4
□□□
あなたに会うのが待ち遠しいな。
I can't wait (　　　).

5
□□□
イタリアへ旅行に行くのが待ちきれない。
I can't wait (　　　) to Italy.
💡旅行に行く　go on a trip

○これで差がつくプラスアルファの表現

6
□□□
マイホームが完成するのが待ち遠しいな。
I can't wait (　　　　　).
💡マイホーム　my house/home ／完成する　be finished

7
□□□
生まれたばかりの妹の赤ちゃんを見るのがとても待ちきれない。
I can (　　) wait (　　　　　).
💡生まれたばかりの赤ちゃん　new baby ／とても待ちきれない　can hardly wait

058

1　I can't wait for tomorrow.

［解説］「明日」は名詞なので for tomorrow とします。this weekend（今週末）や this Sunday（今度の日曜日）などと入れ替えてみましょう。

2　I can't wait for spring.

［解説］「春」は名詞なので for spring とします。「早く春が来ないかな」というニュアンスなら to come を続けます。

3　I can't wait for the high school reunion.

［解説］「同窓会」も名詞なので for を使います。「自分の高校」への思い入れを意識して、my high school reunion としてもいいでしょう。

4　I can't wait to see you.

［解説］「会う」は動詞なので to を使います。初対面の相手に会う場合は see を meet にします。

5　I can't wait to go on a trip to Italy.

［解説］「旅行する」は動詞なので to go on a trip とします。go to Italy や visit Italy でも OK。また「イタリア旅行が待ちきれない」と考えて、I can't wait for my trip to Italy. とすることもできます。

6　I can't wait for my house to be finished.

［解説］〈I can't wait for A to ＋動詞の原形〉を使います。A には my house、to のあとには be finished（完成される）を入れましょう。家は（大工さんによって）完成されるので受け身にします。be completed でも OK です。

7　I can hardly wait to see my sister's new baby.

［解説］「とても待ちきれない」は can hardly wait と表します。new baby は「生まれたての赤ちゃん」、つまり「新生児」を指します。

空欄には次のようなことばを入れることもできます。

☐ for my birthday　自分の誕生日

☐ for my bonus　ボーナス

☐ for the cross-industry networking event　異業種交流会

☐ to try it　それをやってみる

☐ to get the result　結果がわかる

☐ to go to the fireworks show　花火大会に行く

☐ for the rainy season to end　梅雨が終わる

☐ for his new novel to come out　彼の新しい小説が出版される

次のような点にも注目すると表現の幅が広がります。

✐ こんな言い方もできる

問題 7 で紹介したように、can't wait の代わりに can hardly wait を使っても同じような意味を表すことができます。hardly は「ほとんど〜ない」という否定の意味を持つことば。肯定の can と一緒に用いることで「とても〜できない」となり、can hardly wait で「とても待ちきれない」というニュアンスになります。can't hardly としないように気をつけてください。

059

30 │ 気持ちを伝える 3

I'm looking forward to ~.

〜するのが楽しみ。

STEP 1　基本レッスン

✏️ どんな場面で使う？

楽しみにしていることを表す表現です。29. I can't wait ~. と同じような心境・状況で使います。

✏️ 空欄に入るのは？

空欄には、the party（パーティー）や the BBQ（バーベキュー）などの名詞を入れます。すでに決まっている予定を楽しみにしている状況から、通常、名詞の前に the をつけます。my BBQ のように代名詞を使ったり、話し相手も一緒にバーベキューをするなら our でもいいでしょう。

空欄に動詞の ing 形を入れると「〜することを楽しみにしている」という意味になります。例えば、staying at a fancy hotel（高級ホテルに泊まること）などです。ほかの人の行為を楽しみにする場合は、my son's graduation（息子の卒業）のように、名詞や動詞の ing 形の前に「誰の」を表す語を入れます。

✏️ I look forward to ~. でも OK

楽しみにしていることは I look forward to ~. で表すこともできます。違いを比べてみましょう。

I'm looking forward to ~.	「〜するのが楽しみ」「〜を楽しみにしてるね」というフレンドリーな響きで、家族や友だちなど親しい間柄で使うことが多い。
I look forward to ~.	「〜するのを楽しみにしております」というかしこまった響きで、ビジネスの場で使うことが多い。

◯ これだけは言えるようになりたい基本表現

1
□□□
明日の夜が楽しみ。
I'm looking forward to (　　).

2
□□□
彼女の結婚式が楽しみ。
I'm looking forward to (　　).

3
□□□
彼とのデートが楽しみ。
I'm looking forward to (　　).
💡 〜とのデート　my date with 〜

4
□□□
彼らと話すのが楽しみ。
I'm looking forward to (　　).

5
□□□
一人暮らしをするのがすごく楽しみ。
I'm (　　) looking forward to (　　).
💡 一人暮らしをする　live on my own（live を ing 形に）／すごく　really

◯ これで差がつくプラスアルファの表現

6
□□□
明日、仕事帰りに飲みに行くのが楽しみだな。
I'm looking forward to (　　) tomorrow.
💡 仕事帰り　after work ／飲みに行く　go for a drink（go を ing 形に）

7
□□□
ご連絡をお待ちしております。
I (　　) forward to (　　).
💡 「あなたから連絡があるのを楽しみにしております」と考える／〜から連絡がある　hear from 〜（hear を ing 形に）

1　**I'm looking forward to** tomorrow night.

［解説］明日の夜に楽しみが控えている状況で使います。

2　**I'm looking forward to** her wedding.

［解説］「彼女の結婚式」は her wedding ですね。「彼女のウェディングドレス姿を見るのが楽しみ」と言いたいなら、seeing her in a wedding dress とします。

3　**I'm looking forward to** my date with him.

［解説］「彼とのデート」は my date with him のほか、「彼とデートに出かけること」と考えて、going on a date with him としてもいいでしょう。

4　**I'm looking forward to** talking with them.

［解説］「話すこと」は talk に ing をつけて表します。with を to にしても OK です。

5　**I'm** really **looking forward to** living on my own.

［解説］「すごく」は really で表します（131 ページで解説）。「一人暮らしをすること」はほかに、living by myself や living alone とも言います。

6　**I'm looking forward to** going for a drink after work **tomorrow.**

［解説］1 文が長い場合は、「飲みに行くこと」「仕事帰りに」「明日」と区切って考えると英語にしやすくなります。

7　I look **forward to** hearing from you.

［解説］ビジネスの場で、返事を必要としているときに使う定番表現です。ほかに I look forward to working with you.（お仕事をご一緒するのを楽しみにしております）も覚えておくと便利です。

空欄には次のようなことばを入れることもできます。

☐ the festival　お祭り

☐ his future　彼の将来

☐ my dinner with her　彼女との食事

☐ my son's homecoming　息子の帰省

☐ my daughter's piano recital　娘のピアノ発表会

☐ Anne Hathaway's new movie　アン・ハサウェイの新作映画

☐ changing my hairstyle　髪型を変えること

☐ visiting temples in Kyoto　京都のお寺を巡ること

次のような点にも注目すると表現の幅が広がります。

✏ 強調するには

「～するのがすごく楽しみ」「～するのが非常に楽しみ」などと強調するときは、次のような語句を使って表します。

例 | I'm <u>really</u> looking forward to seeing you.
　　会うのが<u>すごく</u>楽しみ。
　　I'm <u>very much</u> looking forward to seeing you.
　　会うのが<u>とても</u>楽しみ。
　　I <u>greatly</u> look forward to meeting you.
　　お目にかかるのを<u>大変</u>楽しみにしております。

※ greatly はフォーマルな響きです。

061

31 | 気持ちを伝える 3

I can't stand ~.

～には我慢できないよ。

STEP 1　基本レッスン

✎ どんな場面で使う？

不快に思うこと、嫌いなものなどについて述べるときの表現です。「～には我慢できない」「～には耐えられない」というニュアンス。常に can't stand（過去形は couldn't stand）の形で使います。

✎ 空欄に入るのは？

空欄に入る内容を 3 パターンに分けてみましょう。

名詞 「～には我慢できない・耐えられない・嫌い」	I can't stand this smell. （このにおいには耐えられない） I can't stand his excuses. （彼の言い訳には我慢できない）
動詞の ing 形 「～するのが耐えられない・～するのが嫌い」	I can't stand waiting in line. （行列に並ぶのが嫌い） I can't stand working with her. （彼女と一緒に働くのが耐えられない）
〈人＋動詞の ing 形〉 「（人）が～するのが我慢できない」「～する（人）が嫌い」 〈人＋ not 動詞の ing 形〉 「（人）が～しないのが我慢できない」	I can't stand people criticizing others. （他人を批判する人が嫌い） I can't stand him not keeping his promises. （彼が約束を守らないのが我慢できない）

※上記のほかに、I can't stand people who talk with their mouth full.（食べ物を口に入れたまま話す人は嫌いだ）といったパターンもあります。

○ これだけは言えるようになりたい基本表現

1
□□□ 彼女には我慢できない。
I can't stand (　　　).

2
□□□ この暑さには我慢できない。
I can't stand (　　　).
💡暑さ　the heat

3
□□□ 彼の態度には耐えられないよ。
I can't stand (　　　).
💡態度　attitude

4
□□□ 彼女の話し方が嫌い。
I can't stand (　　　　).
💡～の仕方　the way 主語＋動詞

5
□□□ 渋滞にはまるのがいや。
I can't stand (　　　　).
💡渋滞にはまる　be stuck in traffic (be を ing 形に)

○ これで差がつくプラスアルファの表現

6
□□□ ヘビを見るのもいや。
I can't stand (　　　　).
💡～を見ること　the sight of ~

7
□□□ 彼が私の話を聞いてくれないのが我慢できない。
I can't stand (　　　　).
💡～の話を聞く、～に耳を傾ける　listen to ~ (listen を ing 形に)

062

1　I can't stand her.

［解説］〈I can't stand ＋人〉もよく使われます。her のほか、him（彼）、my next-door neighbor（隣の家の人）などを入れます。

2　I can't stand the heat.

［解説］「暑さ」は the heat と言います。反対に「寒さ」に耐えられないなら the cold とします。

3　I can't stand his attitude.

［解説］attitude は「態度」という意味で［アティテュード］と発音します。bad attitude（いやな態度）、rude attitude（無礼な態度）のように具体的に言ってもいいですね。

4　I can't stand the way she talks.

［解説］18. では〈the way you ＋動詞〉という表現が出てきましたが、you を別の主語に入れ替えると「（主語）の〜の仕方」という意味になります。the way she works（彼女の働きぶり）、the way he treats people（彼の人との接し方）などのように使います。

5　I can't stand being stuck in traffic.

［解説］「渋滞にはまる」は be stuck in traffic。be stuck は動けなくなる状態を言い、be stuck on a train（電車で足止めされる）のように使います。

6　I can't stand the sight of snakes.

［解説］「〜を見るのもいや」は the sight of 〜 を使って表します（135 ページで解説）。snake（ヘビ）は数えられる名詞なので s を付けて複数形にしましょう。

7　I can't stand him not listening to me.

［解説］「（人）が〜しないのが我慢できない」は〈人＋ not 動詞の ing 形〉で表します。listening のあとの to を忘れないようにしましょう。

空欄には次のようなことばを入れることもできます。

☐ the noise　騒音　　☐ her squeaky voice　彼女の甲高い声

☐ his bad language　彼の下品なことば遣い

☐ the mess　散らかり、乱雑さ

☐ her bad table manners　彼女のテーブルマナーの悪さ

☐ eating alone　一人で食事をすること

☐ people not being on time　時間を守らない人

次のような点にも注目すると表現の幅が広がります。

✒ 定番の I can't stand it.

会話でよく使われる I can't stand it. は「もう我慢できない」という意味の定番表現です。it は今起きている不快な状況を指します。

✒ 覚えておくと便利な I can't stand it when ＋状況

「～なときに…なのが我慢できない」という文は、I can't stand it when に具体的な状況を続けて表します。

例 | I can't stand it when someone interrupts me while I'm talking.
話をしているときに口を挟まれるのが我慢できない。

✒ I can't stand the sight of ~ のパターン

問題 6 のような「～を見るのもいやだ」という嫌悪感は〈I can't stand the sight of ＋名詞〉で表すことができます。

例 | I can't stand the sight of her.
彼女の顔を見るのもいやだ。
I can't stand the sight of cockroaches.
ゴキブリなんて見たくもない。

063

32 | 気持ちを伝える 3

It's worth ~.

〜の価値がある。

🖊 どんな場面で使う？

「〜の価値がある」「〜するに値する」という意味で、人に何かの良さを伝えたり、ためらっている人に行動を促したりするときの表現です。

🖊 空欄に入るのは？

空欄には watching（見ること）のような動詞の ing 形や、the time（その時間）などの名詞が入ります。the time は「時間をかけるだけの価値がある」というニュアンスで使います。このタイプの名詞は、ほかに the money（お金（をかけるだけの価値がある））、the effort（努力・労力（を費やすだけの価値がある））などがあります。

いずれも、ことばを補足してより具体的に表すことができます。例えばこんな感じです。

例 | It's worth <u>watching</u> this TV program.
このテレビ番組は見る価値がある。
It's worth <u>the time</u> to learn a skill.
技術の習得には時間をかける価値がある。

🖊 定番の It's worth it.

よく使う It's worth it.（その価値はあるよ）は、価値のあるものを具体的に説明したあとに続けるのが一般的です。

例 | It isn't easy to climb the mountain, but the view from the top is fantastic. It's worth it.
その山は簡単には登れないけど、山頂からの景色はすばらしいんだ。（登ってみる）価値はあるよ。

○これだけは言えるようになりたい基本表現

1
□□□
値段の価値がある。

It's worth (　　).

💡値段　the price

2
□□□
やってみる価値がありますよ。

It's worth (　　).

💡やってみる　try（ing 形に）

3
□□□
交渉してみる価値はあります。

It's worth (　　).

💡交渉する　negotiate（ing 形に）

4
□□□
この映画は見る価値がある。

It's worth (　　　).

5
□□□
そのセミナーは受ける価値があります。

It's worth (　　　).

💡〜を受ける　take（ing 形に）

○これで差がつくプラスアルファの表現

6
□□□
夢を追い求めて努力することには価値がある。

It's worth (　　　　).

💡〜を追い求める　pursue ／努力　effort

7
□□□
（値段は）高いけれど、その価値はありますよ。

It's (　　), but (　　　).

064

1　It's worth the price.

［解説］商品などの「値段」は price です。医者やコンサルタントなど専門職の人に支払うのは fee（料金）、ホテルの宿泊料金や美容室の施術といったサービス業の「料金」は charge です。

2　It's worth trying.

［解説］trying の代わりに a try でも OK です。trying a different approach（ほかのやり方を試してみる）など、具体的に表してもいいでしょう。

3　It's worth negotiating.

［解説］より具体的に、negotiating a salary increase（給与アップを交渉する）、negotiating a working condition（労働条件を交渉する）と表すこともできます。

4　It's worth seeing this movie.

［解説］seeing は映画館で見る場合、家や車内で映画を見るときは watching を用いるのが一般的です。This movie is worth seeing. とも言えます。

5　It's worth taking the seminar.

［解説］seminar は class（授業）や lecture（講義、授業）などと入れ替えてもいいでしょう。また、この文は The seminar is worth taking. と表すこともできます。

6　It's worth the effort to pursue your dream.

［解説］「夢を追い求めて努力すること」は the effort を先に言ってから、to pursue your dream を続けます。〈effort to ＋動詞の原形〉で「～するための努力」を指します。

7　It's expensive, but it's worth it.

［解説］価値のあるものを述べたあとの「その価値がある」は、It's worth it. ですね。反対に「その価値はない」と言いたいなら、It's not worth it. とします。

空欄には次のようなことばを入れることもできます。

□ a shot　やってみること　　□ a look　一目見ること
□ a read　一読　　□ a mention　言及すること
□ going there　そこへ行くこと
□ reading this book　この本を読むこと
□ taking some time　時間をかけること
□ checking out　実際に試してみること、自分で確認してみること

次のような点にも注目すると表現の幅が広がります。

✎ visiting と a visit

話題にあがった観光地などについて「訪れる（行く）価値がありますよ」と人に勧めるときは、次のように表現できます。visit は「訪れる」という意味の動詞だけでなく、「訪問・見物」という意味の名詞としても使えます。

例 | It's worth <u>visiting</u>.
　 | It's worth <u>a visit</u>.

✎ 具体的な事柄を主語にしても OK

It's worth ~. は it で始まっていますが、問題 4 や 5 の解説にあるように、具体的な事柄を主語にして表すこともできます。その場合も、worth のあとには動詞の ing 形または名詞がきます。

例 | This TV program is worth <u>watching</u>.
　 | このテレビ番組は見る価値がある。
　 | London is worth <u>a visit</u>.
　 | ロンドンには行ってみる価値がある。

065

33 | 意思・予定・検討

I'm going to ~.

～します。／～するつもりです。

STEP 1 基本レッスン

✏ どんな場面で使う？

すでに決めていること（＝意思）や予定していることについて、「～します」「～するつもりです」という意味で使います。go は、気持ちがそれに向かっていることを表しています。また、going to をくだけて [ガナ] と発音することがあります。ただし、〈be going to ＋行き先〉の going to は [ガナ] とは発音しないので注意しましょう。

✏ 空欄に入るのは？

空欄には動詞の原形を入れます。buy a new PC（新しいパソコンを買う）、climb Mt. Fuji this summer（この夏、富士山に登る）などです。

✏ 否定文は？

否定文の I'm not going to ~. は「～しない」「～するつもりはない」を表します。

例 | I'm not going to drink tonight.　今夜はお酒を飲みません。
I'm not going to quit my job.　仕事を辞めるつもりはないよ。

✏ 疑問文は？

相手に予定を尋ねるときは、Are you going to ~? と疑問文にします。

例 | Are you going to join the party?
そのパーティーに参加しますか？

✏ 過去形は？

I was going to ~.（～するつもりだった）は過去に予定していたことを表し、「でも、しなかった・できなかった」と続けるのが一般的です。

例 | I was going to watch a video, but I fell asleep on the couch.
ビデオを見るつもりだったけど、ソファで寝ちゃった。

◯ これだけは言えるようになりたい基本表現

1 今夜は勉強するつもりです。
□□□ I'm going to (　　) tonight.

2 週末は部屋を掃除するつもりです。
□□□ I'm going to (　　) this weekend.
💡 〜を掃除する　clean

3 夏休みにロサンゼルスに滞在します。
□□□ I'm going to (　　) during the summer vacation.
💡 滞在する　stay

4 愛車を売るつもりはありません。
□□□ I'm (　　) going to (　　).
💡 愛車　my car

5 そのイベントに出席しますか？
□□□ (　　) going to (　　)?
💡 〜に出席する　attend

◯ これで差がつくプラスアルファの表現

6 友だちの誕生日にケーキを焼きます。
□□□ I'm going to (　　　　).

7 今夜は 12 時前には寝るつもりです。
□□□ I'm going to (　　　　).
💡 （夜の）12 時　midnight

066

1　I'm going to study tonight.

［解説］study のあとに教科や for the exam（試験のための）を続けたり、for three hours（3 時間）と勉強時間を添えてもいいでしょう。

2　I'm going to clean my room this weekend.

［解説］掃除するのは自分の部屋と考えて、my（私の）を忘れないようにしましょう。

3　I'm going to stay in Los Angeles during the summer vacation.

［解説］stay は「滞在する」という意味。地名を続けるときは in を補います。友だちの家に滞在する場合は at、ホテルなら in と at のどちらでも OK です。

4　I'm not going to sell my car.

［解説］「〜するつもりはない」は否定形で表します。「〜を売る」は sell、「愛車」は my car ですね。

5　Are you going to attend the event?

［解説］「〜するつもりですか?」は Are you going to ~? と疑問文にします。attend の代わりに join や participate in も使えます。

6　I'm going to bake a cake for my friend's birthday.

［解説］「友だちの誕生日に」は誕生日用のケーキなので、for my friend's birthday としましょう。誕生日の日に焼くなら on my friend's birthday です。

7　I'm going to sleep before midnight tonight.

［解説］「寝る、眠る」は sleep ですが、「就寝する」の意味で go to bed や go to sleep としても OK です。「今夜 12 時」は midnight tonight という語順で表します。

空欄には次のようなことばを入れることもできます。

☐ wash my car　洗車する

☐ visit Europe　ヨーロッパを訪れる

☐ get a perm　パーマをかける

☐ have a job interview　就職面接を受ける

☐ work late　遅くまで仕事をする

☐ work from home　在宅勤務をする

☐ take it easy　のんびり過ごす

☐ cook tonight　今夜は料理をする

☐ hang out with friends　友だちとまったり過ごす

☐ try scuba diving　スキューバダイビングに挑戦する

次のような点にも注目すると表現の幅が広がります。

✎ 「近未来」の予定は現在進行形でも表せる

現在進行形〈be 動詞＋動詞の ing 形〉は通常、「（今）〜しています」という事柄を表します。これに tonight（今夜）のような「未来の時」を表す語句を続けると、実行することが確実に決まっている「近未来」の予定を表せます。「いつ」「どこで」「誰と」などの詳細が決まっていることが前提で使うため、I'm going to 〜. より実行の可能性がやや高いと言えます。

例｜ I'm leaving soon.

　　もうすぐ出かけます。

　　I'm going to Hokkaido in July.

　　7 月に北海道へ行きます。

これらの例文は I'm going to 〜. を使って、I'm going to leave soon. / I'm going to go to Hokkaido in July. と表してもかまいません。

> 近未来の予定の表し方は
> 一つではない

34 | 意思・予定・検討

I'll ~.

〜しようっと。／〜するね。／〜しますよ。

STEP 1 基本レッスン

✏ どんな場面で使う？

33. I'm going to ~. がすでに決めてある予定や意思を表すのに対し、I'll ~. はその場で決めたことについて使います。話をしているときに「(じゃあ) 〜しようっと」と決めたり選択したりする場合や、「(あとで) 〜するね」と約束したり、「(もしよかったら) 〜しますよ」と申し出る状況で使います。

※'ll は will の短縮形です。その場で決めたことは短縮形を使うのが一般的ですが、I will ~. と表すこともあります。

✏ 空欄に入るのは？

空欄には動詞の原形を入れます。get the phone (電話に出る)、give you a ride (車で送る)、call you later (あとで電話する) などです。

✏ I'll ~. がふさわしい状況

・**その場で決めたこと**：I'll ~. の肝となる状況です。例えば、レストランでお勧め料理を聞いて注文する場合や、会話中に家の電話が鳴って「自分が出る」と言う場合など。どちらもその場で選択したことを表します。

例 | I'll have a chicken sandwich. （じゃあ）チキンサンドにします。
　 | I'll get the phone. （あっ）私が電話に出るわ。

・**約束**：「(あとで) 〜するね」と約束するときに使います。

例 | I'll tell him. 私が彼に伝えておくね。
　 | I'll call you later. あとで電話するね。

・**申し出**：困っている人に手を差し伸べるときや、親切心で何かをしてあげようとするときに、「(もしよかったら) 〜しますよ」というニュアンスでも使います。

例 | I'll carry that for you. 私がそれを運んであげますよ。
　 | I'll help you if you like. よかったら、お手伝いしますよ。

○これだけは言えるようになりたい基本表現

1
□□□
（注文時に飲み物を聞かれて）コーヒーにします。

I'll (　　　).

2
□□□
（玄関をノックする音が聞こえて）私が応対するね。

I'll (　　　).

💡玄関で応対する　get the door

3
□□□
（うっかり忘れていたことを思い出して）今すぐやります。

I'll (　　) right now.

4
□□□
あとでメールするね。

I'll (　　　　).

💡〜にメールする　email/text

5
□□□
心配しないで。あとは私がやっておくよ。

Don't worry. I'll (　　　　).

💡あとはやっておく　take care of the rest

○これで差がつくプラスアルファの表現

6
□□□
お疲れなら、私が代わりに犬の散歩をしますよ。

I'll (　　　　).

💡あなたの代わりに　for you ／犬の散歩をする　walk the dog

7
□□□
（道を聞かれて）よかったら、ご案内しますよ。

I'll (　　　　).

💡〜を案内する　show ~ the way

STEP 2　解答・解説　答え合わせです。音声を聞きながら、自分でも発音してみましょう。

1　I'll have coffee.

［解説］I'll have ~. は注文の定番表現です。have を take にしても OK。「コーヒーを1つ」のニュアンスで a coffee と言うこともあります。

2　I'll get the door.

［解説］ノックやインターホンが聞こえて、玄関で対応することを get the door と言います。answer the door と表してもいいでしょう。

3　I'll do it right now.

［解説］日本語には「それ」が含まれなくても、英語は do it とします。right now（今すぐ）は now の強調で、right away と言うこともできます。

4　I'll text you later.

［解説］text は携帯電話やスマートフォンから「~に携帯メールを送る」こと。パソコンから「~に電子メールを送る」場合は email（e-mail も可）とします。

5　Don't worry. I'll take care of the rest.

［解説］この take care of ~ は「~に対処する」「~を処理する」という意味。the rest（残り）を続けて「あとはやっておく」を表しています。

6　I'll walk the dog for you if you're tired.

［解説］誰かの代わりに何かをする場合は〈動詞＋ for 人〉の語順で表します。「お疲れなら」は「もしあなたが疲れていれば」と考えましょう。

7　I'll show you the way if you want.

［解説］道案内で show ~ the way と言えば、行き先まで連れて行くことを意味します。具体的な行き先は to the shop（その店まで）などと表しましょう。「よかったら」は if you want や if you like とします。

空欄には次のようなことばを入れることもできます。

□ call you back　電話をかけ直す
□ be back soon　すぐに戻る
□ go wash my hands　手を洗ってくる
□ wake him up　彼を起こす
□ ask her　彼女に聞いてみる
□ let you know later　あとで知らせる
□ pick you up around seven　7 時ごろ、あなたを迎えに行く
□ take it to the cleaners for you　代わりにクリーニングに出しておく

次のような点にも注目すると表現の幅が広がります。

✏ 短縮しない will

その場で決めたことや約束、申し出は I'll を短縮形にすることが多いのですが、強い意志を持って「〜します」と断言する場合は短縮せず、I will 〜. と表します。会話では will を強めに言うことがあります。例文で比較してみましょう。

例｜（パートナーが疲れているのを見て）今夜は私が夕食を作るよ。
　　I'll cook for us tonight.
　　（いつも作ってもらっているので）今夜は私が夕食を作るからね。
　　I will cook for us tonight.
　　（休憩してくるという同僚に）待って、私も行く。
　　Wait. I'll go with you.
　　（検討後、夫の転勤先に）私も行くわ。
　　I will go with you.

35 | 意思・予定・検討

I'm planning to ~.

~する予定です。

✏ どんな場面で使う？

予定について話すときの表現です。I plan to ~. には「〜する予定だ」「〜しようと思う」という意味があり、よく I'm planning to ~. と進行形で使います。「いつ」「どこへ」といった具体的なプランが決まっていることが多いものの、これから詳細を決める場合にも使えます。

✏ 空欄に入るのは？

空欄には have a dog（犬を飼う）、travel in Europe（ヨーロッパを旅行する）、move near my workplace（職場の近くに引っ越す）、start a business（起業する）といった動詞の原形を入れます。

✏ I'm going to ~. との違いは？

予定を表す表現には 33. I'm going to ~. もあります。I'm planning to ~. と入れ替えて使うこともできますが、次のような違いがあります。

I'm planning to ~. （〜する予定です・〜しようと思っています）	plan（〜の予定を立てる）の進行形 計画や心の準備が進んでいることを強調した表現で、予定に入れてあるイメージ
I'm going to ~. （〜します）	go（進む、向かう）の進行形 気持ちがそれに向かっていることを強調した表現で、意思や決定していることを表す

✏ I'm planning on ~. のパターンもある

予定は I'm planning on ~. でも表せます。空欄には動詞の ing 形を入れます。I'm planning to ~. より on のほうがカジュアルな響きです。

例 | I'm planning on <u>having</u> a dog.　犬を飼おうと思ってるの。
I'm planning to have a dog.　犬を飼おうと思っています。
I'm planning on <u>traveling</u> in Europe.
ヨーロッパを旅行する予定なんだ。
I'm planning to travel in Europe.　ヨーロッパを旅行する予定です。

◯ これだけは言えるようになりたい基本表現

1
8 月に高尾山に登る予定です。
I'm planning to (　) in August.

2
友だちとラフティングをする予定です。
I'm planning to (　) with friends.
💡 ラフティングをする　go rafting

3
来週、キッチンをリフォームする予定です。
I'm planning to (　) next week.
💡 ～をリフォームする　remodel

4
夏休みに運転免許を取る予定です。
I'm planning to (　) during the summer vacation.
💡 運転免許を取る　get a driver's license

5
近い将来、郊外へ引っ越す予定です。
I'm planning to (　) in the near future.
💡 郊外　a suburb ／引っ越す　move

◯ これで差がつくプラスアルファの表現

6
来年、ホノルルマラソンに参加する予定です。
I'm planning to (　　).
💡 ホノルルマラソンに参加する　run the Honolulu Marathon

7
4 月から仕事に復帰する予定です。
I'm planning to (　　).
💡 復帰する　return

1 **I'm planning to climb Mt. Takao in August.**

［解説］「〜山に登る」は climb Mt. 〜 と表します。ケーブルカーで登るなら go up Mt. Takao on the cable car または go up Mt. Takao by cable car です。

2 **I'm planning to go rafting with friends.**

［解説］go rafting のように〈go + ing 形〉で表すものは、ほかに go hiking（ハイキングに行く）、go snorkeling（シュノーケリングをする）、go sightseeing in Nara（奈良を観光する）などがあります。

3 **I'm planning to remodel my kitchen next week.**

［解説］台所などを「リフォームする」は remodel を使って表します。英語の reform は「（法律や組織など）を改正する」という意味なので注意してください。

4 **I'm planning to get a driver's license during the summer vacation.**

［解説］免許の取得は get で表します。during（〜の間に）は、「その期間中のいつか」「その期間中ずっと」どちらの意味でも使えます。

5 **I'm planning to move to a suburb in the near future.**

［解説］move は「引っ越す」という意味なので、「〜へ」を to で表します。ここでは、数ある郊外の中で一つの場所を指しているので a suburb です。

6 **I'm planning to run the Honolulu Marathon next year.**

［解説］「マラソンに参加する」は run a marathon ですが、ホノルルマラソンのような特定のマラソンは the 〜 Marathon のように言います。

7 **I'm planning to return to work in April.**

［解説］「仕事に復帰する」は return to work や go back to work と言います。日本語は「4月から」となっていますが、「4月に」復帰するので in April が自然です。

空欄には次のようなことばを入れることもできます。

□ go back to my hometown　帰省する　　□ go on a trip　旅行する
□ buy a condo　マンションを買う　　□ write a book　本を書く
□ work abroad　海外で働く　　□ study abroad　留学する
□ change jobs　転職する　　□ change cars　車を替える
□ learn French　フランス語を学ぶ
□ take a cooking class　料理教室に通う
□ leave next month　来月出発する
□ take three days off next month　来月3日間有給を取る

次のような点にも注目すると表現の幅が広がります。

✏ 予定の有無を尋ねるには

「〜に何か予定ある？」と聞くときは Do you have any plans for ~? を使います。空欄には Christmas（クリスマス）、your birthday（誕生日）といった行事や特別な日を入れます。tomorrow（明日）や this weekend（今週末）などの「時」に関することばを使う場合、くだけて for を省略することがあります。まとめてみましょう。

例｜Do you have any plans for Christmas?
　　Do you have any plans for your birthday?
　　Do you have any plans (for) tomorrow?
　　Do you have any plans (for) this weekend?

✏ 予定がないときの答え方

特に予定がない場合は I don't have any plans (for) ~. とします。

例｜I don't have any plans for Christmas.
　　クリスマスは何も予定がない。
　　I don't have any plans (for) tomorrow.
　　明日は何も予定がない。

36 | 意思・予定・検討

I'm supposed to ～.

～することになっています。

✎ どんな場面で使う？

主に約束してあること、予定に組まれていること、そういう決まりになっていること、そう期待・予期されていることについて、「～することになっている」「～しないといけない」「～するはずだ」という意味で使います。

✎ 空欄に入るのは？

空欄には have dinner with my family tonight（今夜は家族で食事をする）、be back by one（1時までに戻る）、use a headset in this room（この部屋ではヘッドフォンを使う）といった動詞の原形で始まる語句を入れます。

✎ どんなニュアンス？

いくつか例を見てみましょう。

約束を表す	I'm supposed to have dinner with my family tonight. （今夜は家族で食事をすることになっているんだ）	「仕事のあとで一杯どう？」と同僚に誘われて断るとき
予定を表す	He's supposed to be back by one. （彼は1時までには戻るはずですが…）	本人の不在時に電話がかかってきたとき
ルールを表す	We're supposed to use a headset in this room. （この部屋ではヘッドフォンを使うことになっています）	部屋の使用ルールを伝えるとき

✎ 否定文は？

否定の I'm not supposed to ～. は「～してはいけないことになっている」を表します。主語を you にすると「～しちゃいけないんじゃないの？」というやわらかい注意になります。

○ これだけは言えるようになりたい基本表現

1　明日、彼女に会うことになっています。
□□□ I'm supposed to (　　) tomorrow.

2　今日中にこのプロジェクトを仕上げることになっています。
□□□ I'm supposed to (　　) by the end of the day.
💡 ～を仕上げる　finish

3　4 時に息子を迎えに行くことになっています。
□□□ I'm supposed to (　　) at four.
💡 ～を迎えに行く　pick up ~

4　そのセミナーではジャケットを着ないといけないんです。
□□□ I'm supposed to (　　) to the seminar.

○ これで差がつくプラスアルファの表現

5　そろそろ荷物が届くはずです。
□□□ I'm supposed to (　　　　) any time now.
💡 「荷物が届く」は「荷物を受け取る」と考える

6　これを会社から持ち出してはいけないことになっています。
□□□ I'm (　　　　).
💡 ～から…を持ち出す　take ... out of ~

7　ここに駐車してはいけないのでは？（相手に注意する）
□□□ You're (　　　　).
💡 駐車する　park

072

1　**I'm supposed to meet her tomorrow.**

［解説］時間や場所などを決めて会う場合は meet を使うのが一般的ですが、see her としても間違いではありません。

2　**I'm supposed to finish this project by the end of the day.**

［解説］「～を仕上げる」は「～を終える」と考えて finish を使います。「～中に」は by the end of ~ と表します。「今週中に」なら by the end of this week です。

3　**I'm supposed to pick up my son at four.**

［解説］pick up my son は、pick my son up の語順で表すこともできます。pick up は通常、車や自転車などの乗り物で迎えに行くことを暗示しますが、例えば、保育園の近くに住んでいて、徒歩で迎えに行く場合にも使えます。

4　**I'm supposed to wear a jacket to the seminar.**

［解説］ドレスコードがあるときは I'm supposed to wear ~ と表しましょう。

5　**I'm supposed to receive the package any time now.**

［解説］「～を受け取る」は receive や get で表します。この文は「荷物」を主語にして、The package is supposed to arrive any time now. としても OK です。

6　**I'm not supposed to take this out of the office.**

［解説］「～してはいけないことになっている」は not supposed to と否定形にします。「会社」は office あるいは company です。

7　**You're not supposed to park here.**

［解説］相手への注意は主語を you にします。park（駐車する）は車のほかにバイクや自転車などにも使えます。park your car で「あなたの車」と明確にしてもいいでしょう。

空欄には次のようなことばを入れることもできます。

☐ work overtime　残業する
☐ finish the report　報告書を仕上げる
☐ help my mother　母を手伝う
☐ do it by myself　自分でやる
☐ talk with them　彼らと話し合う
☐ walk his dog　彼の犬の散歩をする
☐ be there by two　2 時までにそこへ着く
☐ leave home around ten　10 時ごろ家を出る
☐ take my dad to the hospital　お父さんを病院へ連れて行く
☐ take over my family business　家業を継ぐ

次のような点にも注目すると表現の幅が広がります。

🖊 否定のニュアンス

152 ページで説明したように、否定文では主語を you に入れ替えることによって、ニュアンスも変えることができます。

・普通の否定

例｜I'm not supposed to tell anyone.
　　　誰にも話してはいけないことになっているんです。

・やわらかな注意

例｜You're not supposed to take pictures here.
　　　ここは写真撮影が禁止なんじゃないの？

🖊 発音の注意点

I'm supposed to の supposed to は［サ**ポ**ウストゥ］のように発音します。supposed の後半の［se］が［ズ］と濁らないように気をつけましょう。また、supposed の語尾の［d］はほとんど発音しません。

073

37 | 意思・予定・検討

I'm thinking about ~.

～しようか考えています。

STEP 1 　基本レッスン

✏️ どんな場面で使う？

「～しようか考えている」「～しようか迷っている」といった意味で、検討中の事柄を表します。漠然と「～しようかな」「～するのがいいかな」と思いを巡らすイメージです。

✏️ 空欄に入るのは？

空欄には動詞の ing 形が入ります。例えば、ヨガ教室に入ろうか考えているなら taking a yoga class を、新しいスマートフォンを買おうか迷っているなら getting a new smartphone を入れます。

✏️ I'm thinking about ~. と I'm thinking of ~. の違い

空欄に動詞の ing 形を入れて検討中の事柄を表すとき、I'm thinking of ~. とすることもあります。about は「～しようかどうか漠然と考えている」ニュアンスで、実行に移すかは決まっていない状況で使います。一方の of は「～しようと思う」というニュアンスで、自分の中では実行しようという気持ちが強く、確定に近い状況で使うことが多いようです。

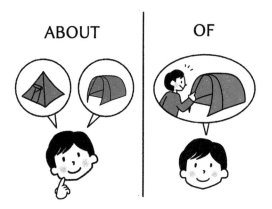

ABOUT　　　　OF

○これだけは言えるようになりたい基本表現

1
□□□
ソファを替えようかどうか考えている。
I'm thinking about (　　).

2
□□□
ドーム型テントを買おうか迷っている。
I'm thinking about (　　).
💡 ドーム型テント　dome tent

3
□□□
家庭菜園を始めようかどうか迷っている。
I'm thinking about (　　).
💡 家庭菜園　kitchen garden

4
□□□
早期退職しようかどうか検討している。
I'm thinking about (　　).
💡 早期退職する　retire early（retire を ing 形に）

5
□□□
二世帯住宅にしようかどうか考えている。
I'm thinking about (　　).
💡 二世帯住宅にする　build a duplex（build を ing 形に）

○これで差がつくプラスアルファの表現

6
□□□
動物保護施設から犬を引き取ろうか家族で検討している。
My family is thinking (　　　　).
💡 動物保護施設　animal shelter ／〜を引き取る　adopt（ing 形に）

7
□□□
田舎暮らしをしようと思う。
I'm thinking (　　　　).
💡 田舎暮らしをする　live in the countryside（live を ing 形に）

157

1　I'm thinking about changing my sofa.

［解説］my を the にしてもかまいません。また、changing sofas と言うこともできます。この場合、古いソファと新しいソファで sofas と複数形にします。

2　I'm thinking about buying a dome tent.

［解説］買うかどうかを検討しているときは、buying のほかに getting でも OK です。会話ではよく get で「〜を買う」を表します。

3　I'm thinking about starting a kitchen garden.

［解説］「家庭菜園」は英語で kitchen garden と言います。台所で野菜やハーブなどを育てるだけでなく、庭での菜園にも使えます。

4　I'm thinking about retiring early.

［解説］「早期退職する」は retire early（早くに退職する）と表します。「仕事を辞める」なら quit my job、「転職する」なら change jobs です。jobs と複数形になるのは問題 1 で説明したのと同じ理由です。

5　I'm thinking about building a duplex.

［解説］「二世帯住宅」は duplex house と言い、例文は house を省略した形です。日本語では「二世帯住宅にする」と言いますが、英語は build（〜を建てる）と考えましょう。

6　My family is thinking about adopting a dog from the animal shelter.

［解説］検討段階ではっきり決まっているわけではないので about を使います。adopt は「〜を養子にする」という意味ですが、動物を引き取る場合にも使えます。

7　I'm thinking of living in the countryside.

［解説］実行に移すことがある程度決まっている状況なので of を使いましょう。countryside はのどかな田園風景をイメージさせる「田舎」のこと。

空欄には次のようなことばを入れることもできます。

□ moving 引っ越す
□ learning tea ceremony 茶道を習う
□ redecorating my room 部屋の模様替えをする
□ taking up the Japanese drum 和太鼓を習い始める
□ baking a birthday cake for my son 息子に誕生日ケーキを焼く
□ volunteering at the affected area 被災地でボランティアをする

次のような点にも注目すると表現の幅が広がります。

✒ 空欄に名詞が入る場合のニュアンス

I'm thinking about ~. と I'm thinking of ~. の空欄に名詞が入るときは、ニュアンスに違いが出ます。about はさまざまな角度から考えるイメージで、think about は「じっくりとあれこれ思いを巡らす」、of はピンポイントな視点で考えるイメージで、think of は「具体的に焦点を当てて考える」となります。同じ名詞で比較してみましょう。

「私の髪型をどう思う?」と聞く場合	What do you think <u>about</u> my hairstyle? →全体の雰囲気やイメージを聞いている感じ	What do you think <u>of</u> my hairstyle? →好きか嫌いか、良いと思うかどうかを聞いている感じ
「あなたのことを考えています」と言う場合	I'm thinking <u>about</u> you. →相手をいろいろな角度から分析しようとしている感じ (不快に思われることもある)	I'm thinking <u>of</u> you. →大切な人に気持ちを寄せて「思っている」感じ (温かい気持ちになることが多い)。心配や愛情から相手を思いやるときは常に of を使う

075

38 | 許可・依頼する

Can I ~?
～してもいい（ですか）？

STEP 1　基本レッスン

🖊 どんな場面で使う？

許可を求めるフレンドリーな定番表現です。家族や友だち、同僚など親しい間柄では「～してもいい？」、接客業の人など直接知らない相手には「～してもいいですか？」という感覚で使います。

🖊 空欄に入るのは？

空欄には eat this（これを食べる）、borrow this book（この本を借りる）、try this on（これを試着する）など、自分のしたい行為を動詞の原形で入れます。

🖊 初対面や目上の人には

同じ意味の表現に May I ~? があります。「～してもよろしいでしょうか？」という丁寧な響きなので、初対面や目上の人、ビジネスの場で好まれます。ask your name（名前を聞く）でニュアンスを比較してみましょう。

例 | Can I ask your name?　お名前を聞いてもいいですか？
　 | May I ask your name?　お名前を伺ってもよろしいでしょうか？

🖊 Can I ~? や May I ~? への返し方

OK する場合
⇨ Sure.　どうぞ。
⇨ Go ahead.　どうぞ。
⇨ Of course.　もちろんいいですよ。

断る場合
⇨ I'm sorry, but I prefer not.
　すみません、それはちょっと…。
⇨ I'm sorry, I need to use it.
　すみません、私も使う予定がありまして…。

> I'm sorry でやんわり断り、理由を添えると丁寧

　空欄に適切なことばを入れましょう。2語以上入ることもあります。

○ これだけは言えるようになりたい基本表現

1　（ドアをノックして）入ってもいいかな？
□□□ **Can I (　　)?**
💡入る　come in

2　今晩、電話してもいい？
□□□ **Can I (　　) tonight?**

3　質問をしてもいいですか？
□□□ **Can I (　　)?**
💡質問をする　ask a question

4　一口もらってもいい？
□□□ **Can I (　　)?**
💡一口　a bite

○ これで差がつくプラスアルファの表現

5　（相手が不在で）伝言を残してもよろしいでしょうか？
□□□ **(　　) I (　　　　)?**
💡伝言を残す　leave a message

6　ちょっと話せるかな？
□□□ **Can I (　　　　)?**
💡「今あなたに話しかけてもいい？」と考える

7　お願いがあるんだけど。
□□□ **Can I (　　　　)?**
💡「あなたに頼みごとを求めてもいいですか」と考える／頼みごと　a favor

161

076

1　**Can I come in?**

［解説］部屋や家に入ってもよいか尋ねるときの定番表現です。部屋へ招き入れる側が「どうぞ入って」と促すときは、Come on in. と言います。

2　**Can I call you tonight?**

［解説］「〜に電話をかける」は call を使い、call you を give you a call とすることもできます。tonight を later（あとで）、after work（仕事のあと）などと入れ替えて応用してみましょう。

3　**Can I ask a question?**

［解説］質問をするときの前置き表現です。いくつか質問するときは a question を some questions とします。いずれも、ask のあとに you を入れても OK です。

4　**Can I have a bite?**

［解説］食べ物の一口は a bite、飲み物の一口なら a sip です。「一口食べる?」と相手に聞く場合は Do you want a bite? とします。

5　**May I leave a message?**

［解説］「〜してもよろしいでしょうか?」と丁寧に許可を求めるときは May I ~? とします。leave は「〜を残す」、message は「伝言」のこと。

6　**Can I talk to you now?**

［解説］忙しい相手や急いでいる相手に、今話す時間があるかどうか確認するときや、真剣な話があるときの前置きとしてよく使う定番表現です。

7　**Can I ask you a favor?**

［解説］この ask は「(人) に何かを求める・頼む」という意味。favor は「頼みごと、親切な行為」を表します。少しかたく Can I ask a favor of you? と言う人もいます。

空欄には次のようなことばを入れることもできます。

☐ have a menu　メニューをもらう　☐ join you　仲間に加わる

☐ open this door　このドアを開ける

☐ close the windows　窓を閉める

☐ park here　ここに駐車する　☐ throw this away　これを捨てる

☐ come with you　あなたと一緒に行く

☐ use your bathroom　トイレを借りる

☐ use your phone　電話を借りる

☐ take this home　これを家に持って帰る

☐ have a receipt　領収書をもらう

☐ copy your notebook　あなたのノートをコピーする

次のような点にも注目すると表現の幅が広がります。

✒何かが欲しいときは Can I have ~?

飲みものなどの「物」が欲しいとき、電話番号などの「情報」を聞きたいときは、Can I have ~? が便利です。もちろん、May I ~? にすると丁寧になります。

例｜Can I have some water?

お水をもらえますか？

May I have your given name?

下のお名前を伺ってもよろしいでしょうか？

✒用件を聞くときの May I help you?

手助けを必要としている（かもしれない）人に声をかけるときの定番表現が、May I help you? です。困っている人に「どうかしましたか？」「お困りですか？」、ビジネスの場なら顧客に「いらっしゃいませ」「何かお探しですか」「ご用件を伺います」と言うときによく使います。会社にかかってきた電話では、ABC Company. May I help you? (ABC 社でございます。ご用件を承ります) が一般的な応対フレーズです。

077

39 | 許可・依頼する

Can you ~?

〜してくれる？

STEP 1 基本レッスン

✎ どんな場面で使う？

依頼をするときのフレンドリーな定番表現です。家族や友だち、同僚など親しい間柄では「〜してくれる？」、直接知らない相手には「〜してくれますか？」といった感覚で使います。

✎ 空欄に入るのは？

空欄には turn off the light（電気を消す）、speak slowly（ゆっくり話す）、tell me the way to ~（〜までの道を教える）など、相手にお願いしたい行為を動詞の原形で入れます。

✎ 同じように使える Will you ~?

ほかに Will you ~?（〜してくれませんか？）という依頼表現もあります。両方とも日常表現なので、どちらを使ってもかまいません。

✎ 初対面や目上の人には

Can you ~? を Could you ~? と過去形にすると、「〜していただけますでしょうか？」という非常に丁寧な依頼表現になります。同じように、Will you ~? も Would you ~? と過去形で表すと「〜していただけませんでしょうか？」とさらに丁寧になります。よって、初対面や目上の人、ビジネスの場では Could you ~? や Would you ~? が好まれます。

✎ Can you ~? などの依頼に対する答え方

OK する場合

⇨ Sure.　どうぞ。

⇨ Of course.　もちろんいいですよ。

> I'm sorry でやんわり断り、理由を添えると丁寧

断る場合

⇨ I'm sorry, but I'm busy now.　すみませんが、今手が離せません。

⇨ I'm sorry. I don't know either.　すみません、私もわからないんです。

○これだけは言えるようになりたい基本表現

1
□□□
これ、開けてくれる？
Can you (　)?

2
□□□
ここで待ってて。
Can you (　)?

3
□□□
リモコン取って。
Can you (　)?
💡〜に…を取る・渡す　pass 人＋物／リモコン　remote

4
□□□
もう一度言ってくれますか？
Can you (　)?
💡もう一度言う　say that again

5
□□□
プレゼント用に包装してくれますか？
Will you (　)?
💡〜をプレゼント用に包装する　gift wrap

○これで差がつくプラスアルファの表現

6
□□□
タクシーを呼んでいただけますか？
(　) you (　　　)?
💡〜にタクシーを呼ぶ　call a taxi for 〜

7
□□□
頼みごとを聞いていただけませんか？
(　) you (　　　)?
💡〜の頼みごとを聞く　do 〜 a favor

078

1 **Can you open this?**

［解説］何かを開封するよう頼むときの表現です。窓や戸を開けてほしいときにも、open the window/door のように使います。

2 **Can you wait here?**

［解説］wait for me here（ここで私を待つ）と表すこともできます。wait は「待つ」という意味なので「誰を・何を」を続けるときは for を補います。

3 **Can you pass me the remote?**

［解説］Can you pass me the ~? は相手に近いところにある物を取ってほしいときの定番表現です。「リモコン」は remote control、略して remote です。

4 **Can you say that again?**

［解説］相手の言ったことが理解できず、もう一度言ってもらうときの定番表現です。explain that again（もう一度説明する）、use plain English（わかりやすい英語を使う）などと入れ替えて応用してみましょう。

5 **Will you gift wrap it?**

［解説］店で買った商品をプレゼント用に包装してほしいときは、gift wrap という動詞が便利です。

6 **Could you call a taxi for me?**

［解説］could は would でも OK です。タクシーや救急車などを呼んでほしいときは call ~ for me を使います。taxi は cab とも言います。

7 **Would you do me a favor?**

［解説］would を could にしてもかまいません。頼みごとの前置きは、主語を I にして May I ask you a favor? と表すこともできます。（162ページの問題7も参照）

空欄には次のようなことばを入れることもできます。

☐ give me a hand　手を貸す

☐ turn down the TV　テレビの音量を下げる

☐ fix this　これを修理する

☐ join us　一緒に来る、参加する

☐ do it by tomorrow　明日までに終える

☐ drop me off here　ここで（車から）降ろす

☐ take a message　伝言を預かる

☐ keep it down　もう少し静かにする

☐ scoot over　（電車の席などで）少し詰める

☐ check my English　私の英語をチェックする

次のような点にも注目すると表現の幅が広がります。

✐ Can you ~? と Will you ~? のニュアンスの違い

Can you ~? と Will you ~? のニュアンスの違いを見ておきましょう。どちらも同じように使えますが、微妙なニュアンスの差はあります。

Can you ~? は「〜することができますか？　できるなら、それをしてくれますか？」、Will you ~? は「〜する意思がありますか？　あれば、それをしてくれませんか？」という成り立ちの表現です。Will you ~? は相手の意思を確認するニュアンスから、Can you ~? より少し丁寧な印象を与えると覚えておきましょう。

079

40 | 許可・依頼する

I'd appreciate it if you could ～.
～してもらえるとありがたいです。

✎ どんな場面で使う？

丁寧な依頼表現です。直訳は「私は感謝いたします (I'd appreciate it)」「もしあなたが～してくれたとしたら (if you could ～)」で、「～してもらえるとありがたいです」とやわらかく控えめにお願いするときに使います。また、かしこまった文書で使うと「～していただけますと幸いです」とかなり丁寧に響くので、ビジネスメール・レターなどで好んで使われます。I'd は I would の短縮形です。

✎ 空欄に入るのは？

空欄には take a look at this (これを見る)、finish this by four (4 時までにこれを仕上げる)、reserve a table for six o'clock tomorrow (明日 6 時にレストランを予約する) など、お願いしたい事柄を動詞の原形で入れます。実際にはめ込んでみましょう。

例 | I'd appreciate it if you could take a look at this.
こちらをご覧いただけますと幸いです。
I'd appreciate it if you could finish this by four.
4 時までにこれを仕上げてもらえるとありがたいです。
I'd appreciate it if you could reserve a table for six o'clock tomorrow.
明日 6 時にレストランを予約しておいてもらえると助かります。

✎ could を would にすることもできる

このフレーズは could の代わりに would を使って表すこともできます。I'd appreciate it if you would ～. となり、やんわりと相手の意思を聞くニュアンスになります。

STEP 2　問題　空欄に適切なことばを入れましょう。2語以上入ることもあります。

◯これだけは言えるようになりたい基本表現

1
□□□
ノートを見せてもらえるとありがたいな。
I'd appreciate it if you could (　　　　).
💡〜に…を見せる　show 〜 …

2
□□□
アンケートにお答えいただけるとありがたいです。
I'd appreciate it if you could (　　　　).
💡アンケート　questionnaire

3
□□□
（車で来ている人に）駅で降ろしてもらえると助かります。
I'd appreciate it if you could (　　　　) at the station.
💡（車から）〜を降ろす　drop 〜 off

4
□□□
ご連絡先をお知らせいただけるとありがたいです。
I'd appreciate it if you could (　　　　) your contact number.
💡〜に知らせる　let 〜 know

◯これで差がつくプラスアルファの表現

5
□□□
早急にご返信いただけますと幸いです。
I'd appreciate it if you could (　　　　).
💡至急　as soon as possible ／返信する　reply

6
□□□
来週お時間を頂戴できますと幸いです。
I'd appreciate it if you could (　　　　).

080

1 **I'd appreciate it if you could** show me your notebook.

［解説］この文は I'd appreciate it if I could see your notebook. と言うこともできます。show（見せる）と see（見る）を混同しないようにしましょう。

2 **I'd appreciate it if you could** answer the questionnaire.

［解説］「アンケート」はフランス語。英語では questionnaire（[クウェスチョネア]と発音）です。

3 **I'd appreciate it if you could** drop me off at the station.

［解説］反対に「(車などに) 〜を乗せる、(車で) 〜を迎えに行く」は、pick 〜 up を使います。

4 **I'd appreciate it if you could** let me know your contact number.

［解説］let me know は「私に知らせる」という意味で、後ろに your contact number（ご連絡先）や your opinion（ご意見）、your availability（ご都合）、whether you will attend or not（出席か欠席か）などを続けます。

5 **I'd appreciate it if you could** reply as soon as possible.

［解説］reply は「返信する」という意味。「私に返信する」なら、to を補って reply to me とします。as soon as possible は「至急、なるべく早く」の意味。

6 **I'd appreciate it if you could** make time for me next week.

［解説］「お時間を頂戴する」は「私のために時間を作る」と考えて、make time for me と表します。spare some time for me という言い方もあります。spare は「〜を割く」という意味です。

空欄には次のようなことばを入れることもできます。

☐ lend me 2,000 yen 私に 2,000 円貸す

☐ send it to this address それをこの住所に送る

☐ attend the meeting for me 私の代わりに会議に出席する

☐ give me feedback on ~ ~について私にフィードバックする

☐ look through the papers by Monday 月曜日までに書類に目を通す

次のような点にも注目すると表現の幅が広がります。

✏ I'd appreciate it if you could ~. の it は何 ?

appreciate は「~に感謝する、~をありがたく思う」という意味の動詞で、I appreciate your help.（ご協力に感謝します）のように直後に目的語を続けます。I'd appreciate it if you could ~. という文では、感謝の対象が if 以降の「もし~してくれたら」という仮定のことを指しています。表現が長いため、いったん仮の目的語として it を置いて文全体のバランスを取り、if 節を続けています。

✏ It would be great if you could ~. も知っていると便利

丁寧な依頼表現としては、It would be great if you could ~.（~していただけるとありがたいです・うれしいです）もあります。I'd appreciate it if you could ~. と同じく、空欄には動詞の原形を入れます。セットで覚えてしまいましょう。

例 | It would be great if you could come with me.
  | あなたも一緒に来ていただけたらうれしいです。

081

41 | 許可・依頼する

Would you mind if I ~?
〜しても差し支えないでしょうか？

STEP 1　基本レッスン

✏ どんな場面で使う？

相手の気持ちに配慮して許可を求める、とても丁寧な表現です。mind は「いやだと思う」という意味で、「私が〜したら、あなたはいやですか？」が直訳です。「〜しても差し支えないでしょうか？」「〜してもかまいませんか？」という感覚で使います。「〜してもよろしいでしょうか？」と訳されることもあります。

✏ 空欄に入るのは？

空欄には動詞の過去形を入れます。例えば、「ここに座っても差し支えないか」と聞くなら、sit here（ここに座る）の過去形 sat here を入れます。相手の自宅に「あとで立ち寄ってもかまわないか」と聞く場合は stop by later（あとで立ち寄る）の過去形 stopped by later になります。それぞれ、「ここに座ったらご迷惑でしょうか？」「あとで立ち寄ったらお邪魔でしょうか？」という控えめなニュアンスになります。

✏ Do you mind if I ~? も同じ意味

Would を Do にすることもできます。どちらも丁寧な表現ですが、2 つを比較すると Would のほうがより丁寧な響きです。Do の場合、空欄には動詞の現在形が入る点に注意。上の例は次のような文になります。

・Do you mind if I <u>sit</u> here?　ここに座っても差し支えないですか？
・Do you mind if I <u>stop</u> by later?　あとで立ち寄ってもかまいませんか？

✏ mind の答え方に注意

Would you mind if I ~? と Do you mind if I ~? はいずれも「私が〜したらいやですか」という聞き方のため、Yes と答えると「いやです＝遠慮してください」となります。よって、「いやでない＝どうぞ〜してください」と答える場合は、No, go ahead. や Not at all. のように否定語を使います（いずれも「どうぞ」の意味）。

◯ これだけは言えるようになりたい基本表現

1
□□□
（機内などで）座席を倒しても差し支えないでしょうか？

Would you mind if I (　　　)?

💡座席を倒す　recline *one*'s seat（recline を過去形に）

2
□□□
子どもたちを連れて来てもかまいませんか？

Would you mind if I (　　　)?

💡〜を連れて来る　bring（過去形に）

3
□□□
Wi-Fi をお借りしてもかまいませんか？

Would you mind if I (　　　)?

💡〜を（その場で）借りる　use（過去形に）

4
□□□
（食べ残した料理など）これを家に持って帰ってもかまいませんか？

Would you mind if I (　　　)?

💡〜を家に持って帰る　take ~ home（take を過去形に）

◯ これで差がつくプラスアルファの表現

5
□□□
打ち合わせの時間を 30 分遅らせても差し支えないでしょうか？

Would you mind if I (　　　　)?

💡「打ち合わせの時間を変える」「30 分遅くに」という語順で考える

6
□□□
携帯電話の充電にコンセントをお借りしてよいでしょうか？

Would you mind if I (　　　　)?

💡「コンセントを借りる」「自分の電話を充電するために」の語順で考える／コンセント　outlet ／〜を充電する　charge

082

1　**Would you mind if I** reclined my seat?

［解説］公共の乗り物で座席を倒す際、後部座席の人にこのように声をかけると礼儀正しくていいですね。

2　**Would you mind if I** brought my children?

［解説］人を連れて来たり、物を持って来たりするときは、bring（過去形は brought）を使って表します。children を kids としてもいいでしょう。

3　**Would you mind if I** used your Wi-Fi?

［解説］相手の Wi-Fi を借りるので your を忘れないようにしましょう。その場で使用する場合、「～を借りる」は use（過去形は used）で表すのが一般的です。

4　**Would you mind if I** took this home?

［解説］物を別の場所へ持って行ったり、人を連れて行ったりするときは take（過去形は took）を使います。

5　**Would you mind if I** changed the meeting time to 30 minutes later?

［解説］まず、changed the meeting time（打ち合せの時間を変える）と言い、そのあとで to 30 minutes later（30 分遅くに）を続けます。仮に「3 時に」変更したい場合は to 3 p.m. とします。打ち合わせの再調整をお願いするなら、Would you mind if we rescheduled our meeting? と表しましょう。

6　**Would you mind if I** used your outlet to charge my phone?

［解説］プラグの差し込み口を表す「コンセント」は outlet と言います。英語の consent は「同意、承諾」を表すので注意が必要です。「携帯電話の充電に」は「自分の電話を充電するために」と考えて、to charge my phone とします。理由や目的を表す「～するために」は〈to ＋動詞の原形〉を使います。

空欄には次のようなことばを入れることもできます。

☐ paid with Japanese yen　日本円で支払う

☐ took pictures with you　一緒に写真を撮る

☐ moved to another table　別のテーブルに移動する

☐ turned down the music　音楽の音量を下げる

☐ asked you a personal question　プライベートなことを聞く

次のような点にも注目すると表現の幅が広がります。

🖋 こんなふうに使うこともある

くだけて Do you mind? とだけ言う人もいます。例えば、カフェなどで隣のテーブルに空いたいすがあり、それを自分が使いたいときに、いすを指して Do you mind? と言えば「このいす、使っていいですか?」というニュアンスになります。

🖋 Would you mind -ing? は依頼表現

Would you mind のあとに動詞の ing 形を続けると、「〜していただけませんか?」という依頼表現に変わります。Do you mind -ing? も同様です。mind は許可と依頼の両方で使われるので注意してくださいね。

例 ｜ Would you mind <u>changing</u> seats with me?
　　私と席を替わっていただけませんか?

> mind を使えば
> 許可も依頼も表せる

Column 3　「私も」の注意点とバリエーション

　相手の発言に同調するときの Me too.（私も）。実は、英語の「私も」には注意点があります。バリエーションと併せて見てみましょう。

■ 英語の「私も」は肯定か否定かを意識する

「私も」と返答するとき、相手の発言の内容が肯定か否定かで表現を使い分けます。肯定の事柄には「私も（そうです）」を表す Me too. を、否定の事柄には「私も（そうではありません）」を表す Me neither. を使います。

例1	A: I like this movie!	私、この映画好き！　←肯定
	B: Me too.	私も（好き）。
例2	A: I can't swim.	私、泳げないの。　　←否定
	B: Me neither.	私も（泳げないよ）。

■ Me too. 以外の「私も」

Me too. は連発すると幼稚に聞こえることがあります。ときには So ~ I. を使ってみましょう。少し落ち着いた響きになります。空欄には、相手の使った動詞と同じ種類の動詞を入れます。一般動詞は do や did を使います。時制も合わせましょう。

例1	A: I'm excited!	わくわくする！　← be 動詞
	B: So am I.	私も（わくわくする）。
例2	A: I ate too much.	食べ過ぎちゃった。←一般動詞
	B: So did I.	私も（食べ過ぎた）。

■ Me neither. 以外の「私も」

Me neither. より落ち着いた響きにしたいときは Neither ~ I. を使いましょう。So ~ I. の否定版です。空欄には、So ~ I. と同じ要領で動詞を入れます。

例1	A: I wasn't surprised.	驚きはしなかったよ。　← be 動詞
	B: Neither was I.	私も（驚かなかった）。
例2	A: I don't drink.	私はお酒を飲みません。←一般動詞
	B: Neither do I.	私も（飲みません）。
例3	A: I couldn't get a ticket.	チケットが取れなかった。←助動詞
	B: Neither could I.	私も（取れなかったよ）。

Column 4　ネイティブが使う表現とは？

　私たちが学校で習った表現の中には、間違ってはいないものの、英語ネイティブは別の言い方をするものも含まれています。表現をアップデートして、自分の英語をより自然なものに近づけましょう。

■「今何時？」
What time is it now? と習った人が多いと思いますが、ネイティブは now を付けず What time is it? と聞くのが一般的です。この表現は声のトーンによってはつっけんどんに聞こえるため、Do you have the time?（お時間わかります？）を使う人も多いです。（the のない Do you have time? は「時間ある？＝暇？」という意味なので注意。）

■「いいえ、結構です」
飲み物などを勧められて丁寧に断る際の表現は No, thank you. がよく知られていますが、より丁寧でやわらかく断るなら Thank you, but I'm fine.（ありがとう、でも結構です）と言ってみましょう。fine は OK でもかまいません。

■「SNS」
インスタグラムや X（旧ツイッター）などを日本では SNS（social networking service の略）と呼びますが、ネイティブが日常使うのは social media という表現。We connected with each other on social media.（私たちは SNS でつながった）のように使います。

■「〜と書いてある」
「看板に '定休日' と書かれているよ」は 'Closed' is written on the sign. と表すことができます。「〜が書かれている」をそのまま英語にした形ですが、こんなときネイティブはよく say を使います。上記なら The sign says 'Closed.' と表すほうがやわらかく聞こえます。say は新聞や本などに書いてあることを伝えるときにも便利です。

42 | 申し出る

Let me ~.

私に〜させてください。／私が〜いたしましょう。

STEP 1　基本レッスン

✎ どんな場面で使う？

申し出や提案を表す表現です。「私に〜させてください」「私が〜いたしましょう」といった丁寧な響きから、「私が〜するね」というフレンドリーなニュアンスまで、幅広く使えます。また、「ちょっと〜させて（ください）」と許可を得るニュアンスでも使います。

✎ 空欄に入るのは？

空欄には、try it（それをやる）、check my schedule（予定を確認する）、think about it（それについて考える）、help you（手伝う）、introduce myself（自己紹介する）など、動詞の原形を入れます。

例 | Let me try it.　私にもやらせてください。
　　 Let me check my schedule.　予定を確認いたします。
　　 Let me think about it.　ちょっと考えさせてね。

✎ 第三者への許可も表す

me の代わりに第三者の A を入れてみましょう。「A に〜させ（てあげ）る」と、A の行為を邪魔しないことが意味の軸になります。A が「〜の行為を希望するので、それを許可する」というニュアンスです。

以下は、第三者の行為を邪魔しないよう、提案する表現です。

例 | Let <u>him</u> talk.　彼にも話させてあげなよ。
　　 Let <u>the kids</u> play with it.　子どもたちにそれで遊ばせてあげてね。

✎ 副詞と用いる Let me ~.

空欄に動きを表す副詞が入ることもあります。例えば、Let me in.（私を中に入れてください）、Let me through.（私を通してください）、Let me off.（私を降ろしてください）などです。

○これだけは言えるようになりたい基本表現

1
□□□ **ご説明いたします。**
Let me (　　).
💡説明する　explain

2
□□□ **確認いたします。**
Let me (　　).
💡確認する　check

3
□□□ **（クイズなどを）私に当てさせて。**
Let me (　　).
💡当てる　guess

4
□□□ **（ホテルで）私がフロントで聞いてきます。**
Let me (　　) at the front desk.

5
□□□ **コートをお預かりいたします。**
Let me (　　).
💡〜を預かる　take

○これで差がつくプラスアルファの表現

6
□□□ **お電話番号を復唱いたします。**
Let me (　　　　).
💡〜を復唱する　repeat

7
□□□ **今日はあなたの誕生日だから、ランチをおごらせてね。**
Let me (　　　　).
💡〜だから　because ／〜に…をおごる　buy 〜 ...

084

1 **Let me** explain.

［解説］説明するときの前置きです。何かの使い方を説明するときや、誤解を解いたり疑問を解決するときに使います。

2 **Let me** check.

［解説］確認するときの定番表現です。check のあとに、my email（メール）や if the restaurant is open today（今日レストランが営業しているかどうか）などを続けてもいいでしょう。

3 **Let me** guess.

［解説］クイズや問題を出されて答えを考えるときの表現です。「答えを言わないでね」というニュアンスにもなります。

4 **Let me** ask at the front desk.

［解説］問い合わせる場合の「聞く」は ask を使います。「聞きに行く」というニュアンスで、go ask と言うこともあります。

5 **Let me** take your coat.

［解説］欧米では訪問先の玄関やレストランの入り口でコートを脱ぐ習慣があり、そこでよく使われる表現です。こう言われたら、コートを脱ぎ、お礼を言って手渡します。

6 **Let me** repeat your phone number.

［解説］「〜を復唱する」は「（念のため）〜を繰り返し言う」ということなので、repeat を使います。最後に just in case（念のため）を添えてもいいでしょう。

7 **Let me** buy you lunch because today's your birthday.

［解説］「あなたに〜をおごらせて・ごちそうさせてね」は Let me buy you 〜. と言います。空欄には、dinner（夕食）、a coffee（コーヒー1杯）、a drink（飲み物を1杯）、a ticket to the concert（コンサートのチケット）などを入れてもいいですね。today's は today is の短縮形です。

空欄には次のようなことばを入れることもできます。

☐ finish 最後までやる・言う　☐ have a look ちょっと見る

☐ apologize 謝る　☐ go first 先にやる

☐ go get it それを取って来る　☐ make hot tea 温かいお茶をいれる

☐ do it again もう1回やる　☐ do it for you あなたの代わりにやる

☐ answer the question 質問に答える

☐ show you how to use it 使い方を見せる

☐ call you this weekend 週末に電話する

次のような点にも注目すると表現の幅が広がります。

✒ Let を使った定番表現

会話で多用される Let me see. は「えーと、あのぉ」という意味で、考える時間が必要なときや、適切なことばを探すときに間を埋める慣用表現です。

Let me know. という表現もよく使われます。相手からの情報や回答などを待つときに、「(わかったら) 知らせてね・教えてね」という意味で言います。また、Let me know your thoughts. (あなたの考えを聞かせて)、Let me know when you arrive. (到着したら知らせて) などと語句を続けて具体的に表すこともあります。

✒ Let me の発音

Let の t はほとんど言わないため、[レミ] のように発音するのが一般的。SNS やマンガでは、発音をそのまま Lemme とつづることもあります。

> t の音が落ちる
> ことに注意

085

43 申し出る

Feel free to ~.

遠慮なく~してください。

STEP 1　基本レッスン

✏ どんな場面で使う？

遠慮や気兼ねしなくていいことを相手に伝える表現です。相手との関係や状況にかかわらず、Feel free to ~. と言います。形は命令形ですが、命令の響きはありません。親しい間柄では「遠慮なく~してね」、かしこまった状況では「遠慮なく~してください」という響きになります。（一般的ではありませんが、丁寧さを強調して Please feel free to ~. と言うこともあります。）

✏ 空欄に入るのは？

空欄には use it（それを使う）、call me（私に電話する）、take a break（休憩を取る）、eat some more（もっと食べる）など、相手が取る行動を表す動詞の原形を入れます。

✏ 「ご自由にどうぞ」

「~してもいいですか？」と許可を求められて、Feel free. と返すことがあります。「ご自由にどうぞ」という意味で〈to ＋動詞の原形〉を省略しています。

例　A: May I use your bathroom?　お手洗いをお借りしていいですか？
　　　B: Feel free.　ご自由にどうぞ。

✏ 「ご自由にお取りください」

遠慮は不要であることを伝える表現をもう一つ。セルフサービス式で自由に食べたり飲んだり、もらったりしてよいとき、Help yourself.（ご自由にどうぞ）と言います。これに〈to ＋物〉を続けると、「~はご自由にお取りください」となります。

例えば、「飲み物はご自由にお取りください」なら、Help yourself to some drinks. です。遠慮しなくていいことを強調する場合は、Feel free to help yourself to some drinks. とします。

◯これだけは言えるようになりたい基本表現

1
□□□
遠慮なく質問してください。
Feel free to (　　).

2
□□□
いつでも遠慮なくメールしてね。
Feel free to (　　) anytime.

3
□□□
気兼ねなく何でも話してね。
Feel free to (　　).
💡〜に何でも話す　tell 〜 anything

4
□□□
遠慮なく遊びに来てね。
Feel free to (　　).
💡「遊びに来る」は「私の家に来る」と考える

5
□□□
（店員が）ご自由にご覧ください。
Feel free to (　　).
💡「ご覧ください」は「見て回る」と考える

◯これで差がつくプラスアルファの表現

6
□□□
遠慮なくおかわりしてね。
Feel free to (　　　).
💡おかわりする　have seconds

7
□□□
興味がなければ、遠慮なく断ってね。
Feel free to (　　　).
💡興味がない　not interested ／断る　say no

086

1　Feel free to ask questions.

［解 説］「質問する」は ask questions で、間に me（私に）を入れても OK です。「遠慮せず何でも聞いてください」なら、Feel free to ask anything. です。

2　Feel free to email me anytime.

［解 説］email は「〜に電子メールを送る」という意味。146 ページで説明したように、携帯電話から送る場合は text と言います。「いつでも」は anytime です。

3　Feel free to tell me anything.

［解 説］anything は「何でも」という意味。ビジネスの場では、「お気軽に何でもおっしゃってください」というニュアンスで使います。

4　Feel free to come to my house.

［解 説］「遊びに来る」は「私の家に来る」と表現すると自然です。play（遊ぶ）は、子どもが公園などで遊ぶときに使います。

5　Feel free to look around.

［解 説］「ご覧ください」の部分は店内を「見て回る」と考えて look around とするのが自然です。「店内を」を明確にするなら、look around the store とします。

6　Feel free to have seconds.

［解 説］料理やスープなどの「おかわり」は seconds と言います。a second helping と言うこともあります。

7　Feel free to say no if you aren't interested.

［解 説］「断る」は say no と言えば簡単に表せます。「興味がなければ」は if you aren't interested です。interesting としないように気をつけましょう。

空欄には次のようなことばを入れることもできます。

☐ take it home 持ち帰る　☐ bring a friend 友だちを連れて来る

☐ contact me 私に連絡する　☐ try that on それを試着する

☐ take pictures 写真を撮る　☐ use the copier コピー機を使う

☐ step outside 外へ出る　☐ stay the night 泊まる

☐ take a nap if you're tired 疲れていれば仮眠を取る

☐ cook something if you're hungry おなかが空いていれば何かを作る

次のような点にも注目すると表現の幅が広がります。

✏ 似た意味のバリエーション

Feel free to ~. は、次の表現と言い換えることができます。

・〈Don't hesitate to ＋動詞の原形〉

～するのをためらわないでください。→遠慮なく～してください。

例 | Don't hesitate to eat anything here.
　　ここにあるものは何でも遠慮なく食べてね。

・〈You're welcome to ＋動詞の原形〉

あなたが～することは大歓迎です。→自由に～してください。

例 | You're welcome to eat anything here.
　　ここにあるものは何でも自由に食べてね。

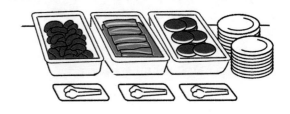

087

44 | 申し出る

Why don't I ~?

（私が）〜しましょうか？

> STEP 1　基本レッスン

🖋 どんな場面で使う？

「（私が）〜しましょうか？」と申し出るとき、「（私が）〜するというのはどうでしょう？」と提案するときに使います。I が主語であることからわかるように、動作をするのは「私」です。（「一緒に〜しましょうか」と言いたい場合は 46. Why don't we ~? を参照）

🖋 空欄に入るのは？

空欄には give you a hand（手を貸す）、make lunch（昼食を作る）、give you a ride（車で送る）など、自分がする行動を表す動詞の原形を入れます。

🖋 フレンドリーにも丁寧にもなる

Why don't I ~? は、友だちや同僚など親しい間柄で使うと「〜してあげようか？」「私が〜するっていうのはどう？」とフレンドリーな響きになります。一方、見知らぬ相手やビジネスの関係者に対して使うと「私が〜しましょうか？」という丁寧なニュアンスになります。誰にでも使える便利な表現ですね。ニュアンスを比べてみましょう。

例 | Why don't I give you a ride?
　　（親しい間柄で）車で送ろうか？
　　（取引先の人に）車でお送りしましょうか？

🖋 Why で始まるのに「なぜ」の意味でない理由

直訳は「どうして私は〜しないのですか？」ですが、反語的に「いや、私が〜しますよ」となり、これが残った形です。

🖋 発音のポイント

Why don't I ~? は don't の t が落ち、その直前の n と続く I がくっついて [**ワ**イドン**ナ**イ] のように発音するのが一般的です。

STEP 2 問題　　空欄に適切なことばを入れましょう。2語以上入ることもあります。

○ これだけは言えるようになりたい基本表現

1
□□□
私が彼女を迎えに行こうか？
Why don't I (　　　　　)?
💡〜を迎えに行く　pick ~ up

2
□□□
（パーティーなどの）デザートは私が用意しようか？
Why don't I (　　　　　)?
💡〜を用意する　prepare

3
□□□
私が植物に水をやっておきましょうか？
Why don't I (　　　　　)?
💡〜に水をやる　water

4
□□□
次回は私がプレゼンの資料を作成しましょうか？
Why don't I (　　　　) for the next presentation?
💡資料　materials

○ これで差がつくプラスアルファの表現

5
□□□
コーヒーをいれようか？（自分も飲む想定で）
Why don't I (　　　　　)?
💡〜にコーヒーをいれる　make ~ some coffee

6
□□□
（一緒に出かける際に）私が車を出しましょうか？
Why don't I (　　　　　)?
💡「私の車でそこまで運転する」と考える

1 Why don't I pick her up?

［解説］pick ~ up は「（主に車で）〜を迎えに行く」という意味。「駅まで迎えに行く」なら「駅で拾う」と考えて、pick her up at the station と表します。

2 Why don't I prepare dessert?

［解説］「〜を準備する」は prepare を使いましょう。ホームパーティーの主催者などに「デザートを持って行く」と言いたいなら bring dessert です。

3 Why don't I water the plants?

［解説］この water は「〜に水をやる」という動詞です。「植物」は plant(s) です。

4 Why don't I make the materials for the next presentation?

［解説］「〜を作成する」は make で表します。material(s) は「資料」のこと。「配布物」なら handout(s) と言います。英語では「プレゼン」と略さないので注意しましょう。

5 Why don't I make us some coffee?

［解説］「〜にコーヒーをいれる」は make ~ some coffee と言います。相手にいれてあげる場合は空欄に you を、自分の分もいれる場合は us にします。

6 Why don't I drive us there in my car?

［解説］「車を出す」は英語にしづらい表現の一つですが、このように表すこともできます。この drive は「〜を車で連れて行く」という意味で、in my car はなくてもかまいません。また、46. Why don't we ~? を使って、Why don't we take my car? と表してもいいでしょう。

空欄には次のようなことばを入れることもできます。

☐ do it for you あなたの代わりにやる

☐ book a room 部屋を予約する

☐ give you a massage マッサージをしてあげる

☐ talk her into it 彼女を説得する ☐ do the dishes 皿洗いをする

☐ go check the mail 郵便物を見てくる ☐ fix it それを修理する

☐ order us some pizza ピザを注文する(自分も食べることを意味する)

☐ take out the garbage ゴミ出しをする

次のような点にも注目すると表現の幅が広がります。

✏️ 似た意味のバリエーション

「私が～しましょうか?」と申し出る場合、Do you want me to ~? を使って表すこともできます。to のあとには動詞の原形が続きます。(23. I want 人 to ~. 参照)

例 | Why don't I give you a hand? 手を貸しましょうか?

| Do you want me to give you a hand? 手を貸しましょうか?

また、34. I'll ~. (～しますよ) を使っても同じような意味を表せます。

例 | I'll give you a hand. 手を貸しますよ。

45 | 提案・助言・誘い

Why don't you ~?
～したら（どう）？

STEP 1 基本レッスン

✎ どんな場面で使う？

「～したら（どう）？」「～してみたら？」という**カジュアルな提案表現**です。友だちや同僚、家族など、近い関係でフレンドリーに使うのが一般的。アドバイスのニュアンスもあるため、親が子に、先生が生徒に、上司が部下に使うことも多く、知らない人に使うと横柄に響くことがあります。**目上の人には使わないようにしましょう。**（穏やかな提案表現は 47. You might want to ~. を参照）

✎ 空欄に入るのは？

空欄には、try it（やってみる）、ask him（彼に聞く）、see a doctor（医者に診てもらう）といった動詞の原形を入れます。

✎ Why がなぜ提案表現になる？

直訳すると「どうしてあなたは～しないの？」ですが、反語的には「いや、～したらどう?」となり、これが残った形です。

✎ just を入れると命令に近くなる

Why don't you just ~? という形だと語調が強くなります。「（～するだけのことなのに）どうして～しないの?」→「～しなよ!」「～してよ!」というニュアンスで、言い方によっては命令口調に聞こえることがあります。そうしないことへのいらだちを含むこともあります。

例 | Why don't you just tell her so?
　　彼女にそう言いなよ！

> just の
> ニュアンスに注目

STEP 2 　問題　　空欄に適切なことばを入れましょう。2 語以上入ることもあります。

○これだけは言えるようになりたい基本表現

1 □□□ もっと食べたら？
Why don't you (　　　　)?

---

2 □□□ 中で待ったらどう？
Why don't you (　　　　)?
💡中で　inside ／待つ　wait

---

3 □□□ 机の上を片付けたらどう？
Why don't you (　　　　)?
💡～を片付ける　clean up

---

4 □□□ お父さんに聞いてみたら？
Why don't you (　　　　)?

---

5 □□□ 一晩じっくり考えたらどう？
Why don't you (　　　　)?
💡一晩（寝て）じっくり考える　sleep on it

○これで差がつくプラスアルファの表現

6 □□□ いやなら、そう言えばいいじゃん！
(　　　　), why don't you (　　　　)?
💡いやなら　if you don't like it

090

1 **Why don't you** eat more?

[解説] 小食の人や食欲がない人に言う表現です。食べ物に偏りがある人には、eat more vegetables（もっと野菜を食べる）などと伝えてもいいですね。

2 **Why don't you** wait inside?

[解説] 外で待っている人に中へ入るよう促す表現です。wait a little more（もう少し待つ）、wait while drinking coffee（コーヒーを飲みながら待つ）などと応用できます。

3 **Why don't you** clean up your desk?

[解説] clean up は散らかったものを片付けて整った状態にすること。clean だけだと、主に汚れを拭き取ったりゴミを片付けたりしてきれいにすることを表しますが、clean up の意味で使うこともあります。

4 **Why don't you** ask your father?

[解説] 意見を求めたり、許可を得たりする際は、ask（〜に聞く）を使って表します。father のあとに his opinion（意見）や if it's OK to borrow his car（車を借りてもいいかどうか）などを続けて、より具体的に表してもいいでしょう。

5 **Why don't you** sleep on it?

[解説] sleep on it は「一晩よく考える」という意味の熟語です。決断を急がずに、落ち着いて考えるようアドバイスするときに使います。

6 If you don't like it, **why don't you** just say so?

[解説] if you don't like it（いやなら）は覚えておくと便利な表現です。ここでは just を入れて「言えばいいじゃん！」と語調を強めています。

空欄には次のようなことばを入れることもできます。

□ practice　練習する　　□ cook sometimes　ときどき料理する
□ break up with him　彼と別れる　　□ try yoga　ヨガをしてみる
□ join us　一緒に来る、参加する　　□ take a day off　休みを取る
□ do it yourself　自分でやる　　□ do some exercise　運動をする
□ get a second opinion　ほかの人の意見も聞く

次のような点にも注目すると表現の幅が広がります。

✏ しない理由を尋ねるときにも使う

Why don't you ~? は提案表現として使われることが多いものの、文字どおり「どうして～しないのですか？」と相手がしない理由を尋ねるときにも使います。例えば、I don't watch TV.（私、テレビを見ないの）と話す相手に、Why don't you watch TV? と返す場合は、「どうしてテレビを見ないの？」と理由を聞いているのです。

✏ Why didn't you ~? は責めている

過去形の Why didn't you ~? はそうしなかった理由を尋ねる疑問文で、「どうして～してくれなかったの？」と残念な気持ちを表したり、責めたりするニュアンスになります。

例 │ Why didn't you tell me earlier?
　 │ どうしてもっと早く言ってくれなかったの？

091

46 | 提案・助言・誘い

Why don't we ~?

~しませんか？／～するのはどうでしょうか？

STEP 1　基本レッスン

✏ どんな場面で使う？

「～しませんか？」と誘ったり、「～するのはどうでしょうか？」と提案したりするときの表現です。we（私たち）が主語であることからわかるように、提案者である自分も一緒に行動することを表します。友だち同士など親しい間柄では「～しようよ」「～しない？」といったフレンドリーな響きになります。相手の気持ちを伺いながら提案するニュアンスがあるので、控えめで丁寧な印象を与えます。ビジネスの場で提案する際にもよく使われます。

✏ 空欄に入るのは？

空欄には take a break（休憩する）、go out for lunch（昼食に出かける）、brainstorm some ideas（自由にアイデアを出し合う）など、動詞の原形を入れます。

✏ Why で始まるのにお誘い表現？

直訳すると「どうして私たちは～しないのですか？」ですが、反語的には「いや、～しましょう（しませんか）」となり、これが残った形です。

例 | Why don't we take a taxi?
どうして私たちはタクシーに乗らないのですか？
→いや、タクシーに乗りましょう。（乗りませんか？）

○ これだけは言えるようになりたい基本表現

1
一緒に行かない？
□□□ **Why don't we (　　) together?**

2
（おなかが空いたので）何か食べない？
□□□ **Why don't we (　　)?**
💡何か　something

3
多数決で決めませんか？
□□□ **Why don't we (　　)?**
💡多数決で決める　take a vote

4
市場調査をするのはどうでしょうか？
□□□ **Why don't we (　　)?**
💡市場調査をする　do some market research

○ これで差がつくプラスアルファの表現

5
明日暑くなければ、ハイキングに行かない？
□□□ **Why don't we (　　　　) if it isn't (　　)**
tomorrow?
💡ハイキングに行く　go hiking

6
近いうちにオンラインで打ち合わせをするのはどうでしょうか？
□□□ **Why don't we (　　　　)?**
💡近いうちに　sometime soon ／オンラインで打ち合わせをする
have an online meeting

092

1　Why don't we go together?

［解説］一緒に何かをすることを提案するときは〈動詞＋together〉を使います。do it together（（それを）一緒にやる）、eat together（一緒に食べる）のように表せます。

2　Why don't we eat something?

［解説］「何か（を）〜する」は〈動詞＋something〉と表します。例えば、order something（何か注文する）、buy something（何か買う）のように言います。どんどん応用してみましょう。

3　Why don't we take a vote?

［解説］「多数決で決める」は take a vote と言います。vote（［**ヴォ**ウト］と発音）は「投票による採決」のこと。「クジで決める」なら draw lots to decide です。

4　Why don't we do some market research?

［解説］research は「調査」を表します。research は、product research（製品調査）、customer satisfaction research（顧客満足度調査）のように使います。

5　Why don't we go hiking if it isn't hot tomorrow?

［解説］go hiking を go on a hike としてもかまいません。「もし〜なら」と条件付きで提案するときは if 〜 を使います。if 節の動詞は現在形で表します。「それほど暑くなければ」なら if it isn't so hot としましょう。

6　Why don't we have an online meeting sometime soon?

［解説］have a meeting online と表しても OK。「近いうちに、近々」は sometime soon や one of these days と表現します。

空欄には次のようなことばを入れることもできます。

☐ eat out　外食する　☐ play cards　トランプをする

☐ go to the beach　海へ行く

☐ go to the new shop　新しい店に行く

☐ go for a drink　飲みに行く　☐ go on a trip　旅行する

☐ surprise her　彼女を驚かせる

☐ throw a welcome party for him　彼の歓迎会を開く

☐ share a piece of cake　ケーキ1つを半分こする

☐ have some pizza delivered　ピザを配達してもらう・頼む

次のような点にも注目すると表現の幅が広がります。

✏️ どう返事をしたらいい？

Why don't we ~? を使って誘いや提案を受けたら、次のような表現で返す
といいでしょう。

⇨ OK.　いいですよ。

⇨ Sounds good.　いいですね。

⇨ Why not?　いいね。

⇨ That's a good idea.　いい考えですね。

⇨ Thank you for inviting me, but unfortunately, I have another
appointment.

　お誘いありがとう。でも、残念ながら予定がありまして…。

> 提案とその返事の表現は
> セットで覚えよう

093

47 | 提案・助言・誘い

You might want to ~.
～するとよいかもしれません。

STEP 1 　基本レッスン

🖊 どんな場面で使う？

「～するとよいかもしれません」「～したほうがいいかも？」という穏やかな提案やアドバイスを表します。きちんとした理由があって提案するイメージです。例えば、「（雨が降るかもしれないから）傘を持って行ったほうがいいかもしれません」「（あの辺りは駐車場が少ないから）電車で行ったほうがいいかも？」のように使います。相手の自主性や判断を尊重する意味合いなので、やわらかく丁寧な響きがあります。そのため、初対面や目上の人に使っても失礼になりません。

主語が you（あなた）ですので、相手の行動に対する提案やアドバイスになります。自分も一緒に出かける予定で電車を使うことを提案する場合は、We might want to ~. と主語を we（私たち）にしましょう。第三者へのアドバイスなら He might want to ~. などとします。

🖊 空欄に入るのは？

空欄には take an umbrella（傘を持って行く）、double-check it（再確認する）、reconsider（考え直す）など、動詞の原形を入れます。

🖊 発音のポイント

You might want to ~. の might want to は［マイト ワントゥー］と発音しますが、カジュアルな会話では［マイワナ］と発音することもあります。might の t の音が落ち、want to を wanna のようにくっつけた発音です。

◯これだけは言えるようになりたい基本表現

1
□□□
これを試してみるといいかもしれません。
You might want to (　　　　).

2
□□□
長袖を着ていったほうがいいかも？
You might want to (　　　　).
💡長袖　long sleeves

3
□□□
そのことを彼に知らせておいたほうがいいかもしれません。
You might want to (　　　　).
💡〜に知らせる　let ~ know

4
□□□
暗証番号を変えたほうがいいかもよ。
You might want to (　　　　).
💡暗証番号　PIN

5
□□□
パスポートのコピーを取っておいたほうがいいかもしれません。
You might want to (　　　　).
💡〜のコピーを取る　make a copy of ~

◯これで差がつくプラスアルファの表現

6
□□□
（一緒に外出していて）高速道路に乗る前にガソリンを入れておくのがいいかも？
(　　) might want to (　　　　) before (　　　　).
💡高速道路に乗る　get on the expressway ／ガソリンを入れる　get some gas

094

1 **You might want to** try this.

[解説] 何かを勧める表現です。this の代わりにお勧めの行動を入れるなら、reading aloud（音読する）、eating vegetables first（野菜から食べる）など、動詞の ing 形にします。

2 **You might want to** wear long sleeves.

[解説] 着ていくものをアドバイスしている場面です。このあとに、It will get chilly at night.（夜は冷えるから）といった理由を添えてもいいですね。

3 **You might want to** let him know that.

[解説] 「〜に知らせる」は let 〜 know と表します。知らせる内容を表す語句は、あとに続けます。that（そのこと）、the truth（本当のこと）、your feelings（あなたの気持ち）など。

4 **You might want to** change your PIN.

[解説] 「暗証番号」は PIN（[ピン] と発音）と言い、personal identification number の頭文字を取った略語です。PIN number と呼ぶこともあります。暗証番号を頻繁に変えることを勧める場合は、文末に often を加えましょう。

5 **You might want to** make a copy of your passport.

[解説] make a copy は「コピーを 1 枚取る」という意味。copy を動詞として用い、copy your passport と表すこともできます。

6 We **might want to** get some gas **before** getting on the expressway.

[解説] 提案者である自分も一緒に行動している場合は、主語を we にします。「ガソリンを入れる」は get some gas ですが、「ガソリンを満タンにする」と言いたいなら fill up the car with gas とします。getting on の代わりに entering でも OK です。また、before we get on the expressway と表すこともできます。

空欄には次のようなことばを入れることもできます。

- □ tell her first　彼女に先に伝える
- □ put on sunscreen　日焼け止めを塗る
- □ wear a tie　ネクタイをする　　□ ask the shop clerk　店員に聞く
- □ take medicine　薬を飲む　　□ cancel the trip　旅行を取りやめる
- □ change the day　日を改める
- □ avoid traffic jams　交通渋滞を避ける
- □ leave earlier　もう少し早く出る
- □ rent a car　レンタカーを借りる
- □ go in the morning　午前中に行く

次のような点にも注目すると表現の幅が広がります。

✏ You may want to ~. も同じ意味？

might を may にして、You may want to ~. とすることもできます。意味は同じです。可能性や見込みがそれほど高くない場合は might、高いと考える場合は may と使い分けるネイティブもいます。ただ、どちらも大して変わらない、特に使い分けていないという人もいるので、そこまで意識せずに使うといいでしょう。（233 ページも参照）

✏ 似た意味のバリエーション

人に何かをするよう言うとき〈You should ＋動詞の原形〉もよく使います。優しい口調で言うと「〜したほうがいいよ」、強い口調で言うと「〜すべきだ」となります。〈You must ＋動詞の原形〉は「〜しなさい」という意味で命令に近いです。

例　You should take an umbrella.　傘を持って行ったほうがいいよ。
　　　You must take an umbrella.　傘を持って行きなさい。

095

48 | 提案・助言・誘い

Let's ~.
〜しようよ。

STEP 1　基本レッスン

✒️ どんな場面で使う？

「〜しようよ」「〜しましょう」という意味の提案表現です。Let us を短くした形です。

同じ提案表現の 46. Why don't we ~? が相手の気持ちを伺いながら、控えめに提案するのに対し、Let's は相手の気持ちは特に意識せず、提案者がそうするのがよいと思うから、または、そうしたいから「〜しようよ」と一方的に提案するニュアンスがあります。このため、家族や友だち、同僚など親しい間柄で使うのはまったく問題ないのですが、それほど親しくない間柄で使うと押しつけている印象を与えることがあります。上司が部下に、先生が生徒になど、立場が上の人が下の人に使うのは問題ありません。

✒️ 空欄に入るのは？

空欄には eat（食べる）、practice（練習する）、go to the movies（映画を見に行く）など、動詞の原形を入れます。

✒️ Let's not ~. の意味は？

「〜するのはやめよう」「〜しないでおこうよ」と提案するときは、〈Let's not ＋動詞の原形〉とします。

例 | Let's not waste food.　食べ物を無駄にするのはやめよう。
　 | Let's not talk about it now.　今はその話をしないでおきましょう。
　 | Let's not admire them just for today.
　 | 今日だけは彼らに憧れるのはやめましょう。

例 | A: Let's take a test of courage.　肝試ししようよ。
　 | B: Let's not. やめておこう。

| STEP 2 | 問題 | 空欄に適切なことばを入れましょう。2語以上入ることもあります。 |

○ これだけは言えるようになりたい基本表現

1
□□□
さぁ、帰ろう。
Let's (　　　　).

2
□□□
お祝いしよう。
Let's (　　　　).
💡祝う celebrate

3
□□□
一緒に写真を撮ろうよ。
Let's (　　　　).

4
□□□
連絡を取り合おうね。
Let's (　　　　).
💡連絡を取り合う keep in touch

5
□□□
友だちのままでいましょう。
Let's (　　　　).
💡〜のままでいる stay

○ これで差がつくプラスアルファの表現

6
□□□
今日はここまでにしておきましょう。
Let's (　　　　).
💡今日はここまでにしておく call it a day

7
□□□
彼を責めることはしないでおこう。彼が悪いわけじゃないから。
Let's (　　　　). It isn't his fault.
💡〜を責める blame

203

096

1 Let's go home.

[解説]「家に帰る」は go home や head home と表します。この home は「家へ」という意味の副詞なので、go to home としないように気をつけましょう。

2 Let's celebrate.

[解説] お祝いを提案する表現です。celebrate のあとに your birthday(誕生日)、your promotion (昇格)、your winning the championship (優勝) などを続けて、具体的に表してもいいですね。

3 Let's take a picture together.

[解説] 写真を何枚か撮るつもりなら take some pictures とします。picture の代わりに photo でも OK です。

4 Let's keep in touch.

[解説] keep in touch は「定期的に連絡を取り合って関係を保つ」ことを表します。stay in touch とも言います。別れ際やメールの最後などに「また連絡するね」というニュアンスで使うこともありますよ。

5 Let's stay friends.

[解説] stay は「〜の状態を保つ」という意味。stay friends で「(特別な関係に発展させず) 友だちのままでいる」という意味です。Let's just be friends. と言うこともあります。

6 Let's call it a day.

[解説] 仕事や会議、授業などを切り上げるときの決まり文句です。夜遅い時間帯の場合は call it a night と言ったりもします。

7 Let's not blame him. It isn't his fault.

[解説]「〜しないでおこう」は Let's not 〜. と表します。別の言い方をするなら、We shouldn't blame him. (彼を責めるべきでない) です。

空欄には次のようなことばを入れることもできます。

☐ start　始める　　☐ finish　終える

☐ continue　続ける　　☐ have fun　楽しむ

☐ forget about it　そのことを忘れる　　☐ eat　食べる

☐ make a toast　乾杯する　　☐ try again　もう1回やってみる

☐ play it by ear　臨機応変にやる　　☐ wait and see　様子を見る

☐ get down to business　本題に入る　　☐ hit the road　出かける

☐ split the bill　割り勘にする　　☐ discuss it later　あとで話し合う

☐ not take a risk　危険を冒さない

☐ not count on him　彼を当てにしない

☐ not rush things　物事を急がない

☐ not be pessimistic　悲観的にならない

次のような点にも注目すると表現の幅が広がります。

✎ Let's を使った慣用表現

Let's を使った慣用表現で、日常よく使われるものを紹介しましょう。（181ページも参照）

例 │ Let's see.　えっと、あのー。
　　│ Let's say, ...　そうですねぇ、例えば…。
　　│ Let's hope so.　そう願おう。
　　│ Let's hope not.　そうならないよう願おう。

097

49 │ 提案・助言・誘い

How about 〜?

〜するのはどう？

STEP 1 基本レッスン

✏️ どんな場面で使う？

提案するときの定番表現です。親しい間柄でフランクに使うことが多く、「〜するのはどう？」「〜してみない？」と相手にも意見を聞くニュアンスがあります。一緒に何かをするだけでなく、「〜したら？」と相手の行動に対する提案としても使えます。

✏️ 空欄に入るのは？

空欄には名詞、動詞の ing 形、文を続けることができます。週末に何をするか提案する場面を例に取ってみましょう。

名詞	How about a movie?（映画はどう？）
	How about a bike ride?（サイクリングなんてどう？）
動詞の ing 形	How about relaxing at home? （家でゆっくり過ごすのはどう？） How about trying the new restaurant near the station? （駅の近くにできた新しいレストランに行ってみない？）
文	How about I cook dinner for us? （私が夕食を作るのはどう？） How about we meet at the park and go on a hike together? （公園で待ち合わせて、一緒にハイキングに行くのはどうかな？）

STEP 2　問題　空欄に適切なことばを入れましょう。2語以上入ることもあります。

○ これだけは言えるようになりたい基本表現

1
□□□
今週の日曜日はどう？
How about (　　　)?

2
□□□
ランチミーティングはどうかな？
How about (　　　)?

3
□□□
ジムに通ったらどう？
How about (　　　)?
🔦 ジムに通う　go to the gym

4
□□□
一緒にテスト勉強するのはどう？
How about (　　　)?
🔦 テスト勉強をする　study for the exam（study を ing 形に）

5
□□□
交代で運転するのはどう？
How about (　　　)?
🔦 交代で〜する　take turns ＋動詞の ing 形（take を ing 形に）

○ これで差がつくプラスアルファの表現

6
□□□
終わったら君に電話するというのはどうかな？
How about (　　　) when (　　　)?
🔦 終わる　be done（be を適切な形に）

7
□□□
彼の誕生日プレゼントは何にしようか？
——野球帽とかどう？
(　) would be a good birthday present
for him? —— How about (　　　)?
🔦 野球帽　baseball cap

207

098

1 **How about** this Sunday**?**

［解説］「今週の〜」は「今度の〜」と考えて、this 〜 とします。

2 **How about** a lunch meeting**?**

［解説］lunch meeting は「昼食をとりながらビジネスの話をすること」です。a を忘れないようにしましょう。

3 **How about** going to the gym**?**

［解説］動詞を使って提案するときは going to the gym のように ing 形にします。How about you go to the gym? と表してもかまいません。

4 **How about** studying together for the exam**?**

［解説］この文は How about we study together for the exam? としても OK です。

5 **How about** taking turns driving**?**

［解説］何かを交代でする場合は take turns -ing とします。交代で運転するなら take turns driving です。How about we take turns driving. とすることもできます。

6 **How about** I call you **when** I'm done**?**

［解説］前半は How about calling you としてもいいでしょう。「終わったら」は「終わったとき」と考えて when I'm done とします。when I'm finished や when I'm through でも OK です。

7 **What would be a good birthday present for him?**
　── **How about** a baseball cap**?**

［解説］誕生日プレゼントのアイデアを求められて、提案している場面です。what を使って意見を聞いていますね。baseball cap は単に cap としてもかまいません。

空欄には次のようなことばを入れることもできます。

☐ some coffee　コーヒー　　☐ a drink（お酒を）一杯

☐ trying again　もう1回やってみる　　☐ asking him　彼に聞いてみる

☐ eating at home　家で食べる　　☐ watching TV　テレビを見る

☐ cleaning up our garage　車庫を片付ける

☐ taking up a new hobby　新しい趣味を始める

☐ we meet in two hours　2時間後に会う

☐ we go see Grandma in the hospital　おばあちゃんのお見舞いに行く

次のような点にも注目すると表現の幅が広がります。

✏ 〈How about if+ 文 ?〉のニュアンス

〈How about if＋文 ?〉のように if を入れると、「いやでなければ」「もし同意してくれるなら〜するのはどう ?」というニュアンスになります。相手の気持ちや状況に配慮した表現です。

例 | How about if I pick you up at your place?
（迷惑でなければ）あなたの家まで迎えに行こうか？

✏ 似た意味のバリエーション

フランクに提案する表現はほかに、What about ~? もあります。使い方は How about ~? と同じです。この What about ~? は「〜はどうするの ?」と心配事を指摘するときにも使います。

例 | A: How about a one-night trip?
泊まりで旅行はどう？
B: Sounds good, but what about our dog?
いいけど、ワンコはどうするの？

099

50 │ 意向を尋ねる

Would you like ~?

～はいかが（ですか）？

STEP 1　基本レッスン

✏ どんな場面で使う？

欲しいかどうかを品よく尋ねるときの定番表現です。ビジネスシーンや目上の人に対してだけでなく、家族や友だちなど親しい間柄でもよく使います。親が子どもに、先生が生徒に使うことも珍しくなく、その場合、丁寧なことば遣いを教える感覚です。敬意を示すべき相手に使うというより、自分が品よく尋ねたいときに使う表現と覚えておきましょう。

✏ 空欄に入るのは？

空欄には、a bag（袋）、a taste（味見）、some cookies（クッキー）などの名詞が入ります。

✏ くだけた聞き方

何かが欲しいかと聞くとき〈Do you want ＋名詞 ?〉と表すこともあります。「～は要る?」というくだけた響きで、とくに友だち同士で使いますが、ビジネスで使うとことば遣いがぞんざいな印象を与える可能性があります。

✏ 答え方

答えるときも I want ~.（～が欲しい）より、I'd like ~.（～をいただきます）を使うと品があります。

✏ 相手に決めてもらうときの聞き方

相手に決めてもらう状況では、最初に what や which を付けて聞きます。

例 │ <u>What</u> would you like?
　　（レストランで）何になさいますか？
　　<u>Which</u> would you like, a big one or a small one?
　　（親しい間柄で）大きいのと小さいの、どちらがいいかな？

> 品のよい表現を
> 心がけよう

○これだけは言えるようになりたい基本表現

1
□□□
おーついかが？
Would you like（　　）?
💡一つ　one

2
□□□
もう少しいかが？
Would you like（　　）?
💡もう少し　some more

3
□□□
（飲み物の）おかわりはいかがですか？
Would you like（　　）?
💡おかわり　refill

4
□□□
家までお送りしましょうか？
Would you like（　　）?
💡家まで車に乗っていくこと　ride home

○これで差がつくプラスアルファの表現

5
□□□
（店で）ホットドッグにマスタードをおかけになりますか？
Would you like（　　　　）?
💡「ホットドッグの上にマスタード」が必要かどうかを尋ねている／マスタード　mustard

6
□□□
窓際の席と通路側の席、どちらがよろしいですか？
——窓際の席をお願いします。
（　　）would you like,（　　）or（　　）?
—— I'd like（　　　　）.
💡窓際の席　window seat ／通路側の席　aisle seat

1　**Would you like** one?

［解説］食べ物を勧める表現です。この one は、one (cookie), one (sandwich), one (slice of pizza), one (piece of candy) などのカッコ内が省略された形です。

2　**Would you like** some more?

［解説］some more はすでに食べているものや飲んでいるものについて、「もう少し食べませんか・飲みませんか?」と勧めるときに使います。

3　Would you like a refill?

［解説］refill は今飲んでいるものと同じ飲み物の「おかわり」を言います。食べ物のおかわりなら a second helping とします。

4　Would you like a ride home?

［解説］ride は「車で送ること」。これに home ((相手の) 家まで) を続けています。送り先が駅なら a ride to the station、滞在先のホテルなら a ride to your hotel と言いましょう。

5　Would you like mustard on your hotdog?

［解説］マスタードやケチャップなど、何かの上にかける場合は on を使います。ほかに、サラダにドレッシングをかけるかどうかは dressing on your salad、紅茶にレモンを入れるかどうかは lemon in your tea のように表します。

6　Which **would you like,** a window seat **or** an aisle seat? —— **I'd like** a window seat.

［解説］2 つの選択肢から決めてもらう場合は、Which would you like, A or B? と尋ねます。which を省略して、「A がよろしいですか?　それとも B ですか?」と聞くこともあります。

空欄には次のようなことばを入れることもできます。

☐ a cup of coffee　コーヒー1杯　　☐ a guide　案内

☐ a hint　ヒント　　☐ the answer　答え、解答

☐ a bite　（食べ物の）一口　　☐ a sip　（飲み物の）一口

☐ a blanket　毛布　　☐ some time to think　考える時間

☐ something to drink　飲み物　　☐ something to eat　食べ物

☐ chicken or beef　鶏肉または牛肉

次のような点にも注目すると表現の幅が広がります。

✏️ 日本語訳のニュアンスは使い分けよう

Would you like ~? の基本的な意味は「〜はいかが（ですか）?」です。日本語にするときのニュアンスは、空欄に入る名詞や話している相手との関係によって使い分けるといいでしょう。

例 | Would you like a bag?

（店員が客に）袋はご入り用ですか？

（親しい間柄で）袋は必要かな？

Would you like some dessert?

（店員が客に）デザートはいかがなさいますか？

（親が子どもに）デザートはどうする？（食べる？）

101

51 | 意向を尋ねる

Would you like to ~?
~なさいますか？／～したいですか？

✒ どんな場面で使う？

何かしたいかどうかを品よく尋ねるときに使います。50. Would you like ~?
と同じく、目上、友だち、家族、年下などに関係なく、誰に対しても使う表
現です。「～なさいますか？」「～したいですか？」「～しませんか」といった
響きで、相手との関係によって日本語訳を判断するといいでしょう。敬意を
示すべき人に使うというより、自分が品よく尋ねたいときに使います。

✒ 空欄に入るのは？

空欄には come along（一緒に来る）、have a seat（座る）、go to the
beach（海へ行く）など、動詞の原形を入れます。

✒ くだけた聞き方

親しい間柄で使うくだけた表現に〈Do you want to ＋動詞の原形？（～した
い？)〉もあります。

例 │ Do you want to come along?
　　│ 君も一緒に来る？（来たい？）

✒ 疑問詞を使って尋ねる

what などの疑問詞を使って、次のように質問してもいいでしょう。

例 │ <u>What</u> would you like to do this weekend?
　　│ 今週末は<u>何</u>をしたいですか？

✒ Would you like me to ~? の使い方

自分が何かをすることを申し出るときは〈Would you like me to ＋動詞の
原形？〉と言うと品よく聞こえます。「私が～いたしましょうか？」というニュア
ンスです。

例 │ Would you like me to take a picture of you?
　　│ 写真をお撮りしましょうか？

○これだけは言えるようになりたい基本表現

1
□□□
何か召し上がりますか？
Would you like to (　　　　)?
💡何か　something ／〜を召し上がる　eat

2
□□□
（レストランで）デザートのメニューをご覧になりますか？
Would you like to (　　　　)?

3
□□□
（店で）ポイントをお使いになりますか？
Would you like to (　　　)?

4
□□□
コーヒーでも飲んでいきませんか？
Would you like to (　　　　)?
💡コーヒーを飲んでいく　stop by for a cup of coffee

○これで差がつくプラスアルファの表現

5
□□□
ルールを説明しましょうか？
Would you like (　　) to (　　　　)?
💡〜を説明する　explain

6
□□□
打ち合わせはいつがよろしいですか？
(　　) would you like to (　　　　)?
💡打ち合わせをする　have the meeting

7
□□□
**ランチを食べるか、買い物をするか、どちらを先にした
いですか？**
(　　) would you like to (　　　),
(　　　) or (　　　)?
💡先にする　do first

215

102

1　**Would you like to** eat something?

［解説］「召し上がる」は「〜を食べる」と考えて eat を使います。人に勧める際の「何か」は something です。

2　**Would you like to** see the dessert menu?

［解説］「ご覧になる」は see（〜を見る）を使って表します。ちなみに、「メニューが豊富」を直訳して a lot of menu とするのは誤り。The restaurant offers a wide variety of dishes. などと表現しましょう。

3　**Would you like to** use your points?

［解説］支払いにポイントを使うかどうか、レジ係が尋ねる表現です。point は複数形にします。

4　**Would you like to** stop by for a cup of coffee?

［解説］stop by は「立ち寄る」、この for は目的を表しています。stop by のあとに the café（カフェ）や my house（私の家）といった立ち寄り先を入れても OK。

5　**Would you like** me **to** explain the rules?

［解説］ルールの内容を具体的に表すなら、rules のあとに of 〜 を続けて the rules of this sport（このスポーツのルール）のように言うといいでしょう。

6　When **would you like to** have the meeting?

［解説］「いつ」と聞く場合は when を使います。日本語だと「打ち合わせは」となっていますが、to のあとなので「打ち合わせをするのは」と動詞の形にします。

7　Which **would you like to** do first, have lunch **or** go shopping?

［解説］どちらを先にしたいかを聞きたいので、do first とします。Which would you like to do, A or B? だと、どちらか一方を選んでもらうニュアンスです。

空欄には次のようなことばを入れることもできます。

□ go for a walk　散歩に行く　　□ go with me　私と一緒に行く

□ leave a message　伝言を残す

□ take off your coat　コートを脱ぐ

□ take a break　休憩を取る　　□ lie down　横になる

□ discuss it　そのことを話し合う　　□ dance with me　一緒に踊る

□ go to the art museum　美術館へ行く

□ try that on　それを試着する

□ try skydiving　スカイダイビングに挑戦する

次のような点にも注目すると表現の幅が広がります。

✏ 疑問詞を使った質問のバリエーション

疑問詞を使った質問をもう少し見ておきましょう。

例 | <u>Where</u> would you like to go on your next vacation?
次の休暇は<u>どこへ</u>行きたいですか？
<u>How</u> would you like to pay?
（店で）お支払いは<u>どのように</u>なさいますか？

✏ さまざまな答え方

would を使って意向を聞かれた場合は、次のように答えましょう。

⇨ Yes, thank you.　ええ、お願いします。

⇨ That'd be great.　そうしていただけると助かります。

⇨ Thank you, but that's okay.　ありがとう、でも大丈夫です。

103

52 | 後悔・反省する

I ended up ~.

結局～してしまった。

✎ どんな場面で使う？

意思や予定に反して「結局～してしまった」という意味で使います。例えば、少し仮眠を取るつもりが朝まで寝てしまった、結婚式では笑顔でいようと決めていたのに泣いてしまったなど。不運な状況を強調して「～する羽目になった」と訳すこともあります。

✎ 空欄に入るのは？

空欄には sleeping until morning（朝まで寝る）や crying（泣く）など、動詞の ing 形を入れます。

✎ 否定文は？

「結局～できなかった」「結局～できずじまいだった」という否定形は、動詞の ing 形の前に not を挿入します。例えば、下関市へ行ったのに「結局ふぐを食べずじまいだった」は次のように言います。

例 | I ended up not eating blowfish in Shimonoseki.

✎ きっかけを聞く用法もある

〈How did you end up ~?〉は「どのようなきっかけで～することになったのですか？」といった意味を表します。いきさつや理由を聞く質問文です。

例 | How did you end up writing a book?
　　　どういうきっかけで本を出版したのですか？
　　　How did you end up here?
　　　どういういきさつで、ここへ来ることになったのですか？（居住地や勤務先など）

○ これだけは言えるようになりたい基本表現

1
（少しのつもりが）結局、飲み過ぎてしまった。
□□□ I ended up (　　　　).

2
（定時で帰りたかったのに）結局、残業することになった。
□□□ I ended up (　　　　).
💡残業する　work overtime（work を ing 形に）

3
（終電を逃して）結局、歩いて帰宅する羽目になった。
□□□ I ended up (　　　　).
💡歩いて帰宅する　walk home（walk を ing 形に）

4
結局、今日は何もせずに終わっちゃった。
□□□ I ended up (　　　　) today.
💡何もしない　not do anything（do を ing 形に）

○ これで差がつくプラスアルファの表現

5
セールだったので必要以上に買っちゃった。
□□□ I ended up (　　　　) because they were on sale.
💡必要以上に　more than I needed

6
どのようにして、このお仕事に就いたのですか？
□□□ (　　) did you (　　　　)?
「この仕事に」には前置詞が必要

104

1　I **ended up** drinking too much.

［解説］drinking too much は飲み過ぎたことを後悔しているニュアンスです。単に「たくさん飲んだ」状況なら drinking so much や drinking a lot とします。

2　I **ended up** working overtime.

［解説］予定外の残業を表します。work overtime（残業する）と overwork（働き過ぎる、過労する）を混同しないように気をつけましょう。

3　I **ended up** walking home.

［解説］「歩いて帰宅する、家まで歩く」は walk home で表せます。「会社まで歩く」場合は walk to work とします。

4　I **ended up** not doing anything **today**.

［解説］「〜できずじまいだった」という否定文なので、動詞の ing 形の前に not を入れます。not doing anything の代わりに doing nothing としてもいいでしょう。

5　I **ended up** buying more than I needed **because they were on sale**.

［解説］「必要以上に」は more than I need と表しますが、ended up のような過去形の文では more than I needed と need も忘れずに過去形にしましょう。

6　How **did you** end up in this job?

［解説］いきさつやきっかけは How did you end up ~? を使って表します。「この仕事に」は in this job ですが、in your job としても OK です。

空欄には次のようなことばを入れることもできます。

☐ waiting for one hour　1時間待つ　☐ being late　遅れる

☐ overspending　お金を使い過ぎる　☐ losing my job　仕事を失う

☐ staying home all day　一日中家にいる

☐ not cooking　料理をしない

☐ not going to the gym　ジムに行かない

☐ not eating lunch　昼食をとらない

☐ not calling my friend back　友だちに折り返し電話しない

次のような点にも注目すると表現の幅が広がります。

✏ 最終的な場所や職業にも使える

〈in ＋場所〉や〈as ＋職業・地位〉と一緒に用いることもあります。どちらも最終的に行き着いた場所や職業を表し、意思や予定に反してそうなった場合を表すことが多いのですが、ただ単に、最終的に落ち着いた場所や職業を表現するだけの場合もあります。どちらの状況かは、文脈で判断します。

例｜I slipped and broke a bone. I ended up in the hospital.
　　滑って転んで骨折し、入院する羽目になった。

　　I met my wife in Japan, married her and ended up in her hometown, Iwate.
　　日本で妻と出会って結婚し、彼女の故郷である岩手に来ることになりました。

　　I studied super hard and ended up as a doctor.
　　猛勉強して医者になりました。

105

53 | 後悔・反省する

I should've ~.
〜しておけばよかった。

✏️ **どんな場面で使う？**

しなかったことへの後悔の気持ちを表します。「〜しておけばよかった」「〜しておくんだった」といった意味です。should've は should have の短縮形で、[シュダヴ] と発音します。

✏️ **空欄に入るのは？**

空欄には、動詞の過去分詞形を入れます。動詞の過去分詞形とは、go（行く）の場合、go-went-gone の gone を指します。listen（聞く、耳を傾ける）なら listen-listened-listened の最後の listened です。例文を見てみましょう。

例 | I should've gone to college.
大学へ行っておけばよかった。
I should've listened to my father's advice.
父のアドバイスを聞いておくんだったな。

✏️ **否定文は？**

したことに対する後悔は、should を否定形にして I shouldn't have ~. で表します。空欄に入るのは、やはり動詞の過去分詞形です。

例 | I shouldn't have bought this jacket.
このジャケット、買わなきゃよかったな。
I shouldn't have said that.
あんなこと言うんじゃなかった。

STEP 2　問題　空欄に適切なことばを入れましょう。2語以上入ることもあります。

○これだけは言えるようになりたい基本表現

1 　もっとしっかり勉強しておけばよかった。
□□□ I should've (　　　　).

2 　自動車免許を取っておくべきだったな。
□□□ I should've (　　　　).
💡自動車免許　driver's license ／〜を取る　get（過去分詞形に）

3 　もっと早く医者に診てもらえばよかった。
□□□ I should've (　　　　) sooner.
💡〜に診てもらう　see（過去分詞形に）

4 　もっと気をつけるべきだった。
□□□ I should've (　　　　).
💡気をつける　careful（動詞を補う）

○これで差がつくプラスアルファの表現

5 　彼にお金を貸すんじゃなかった。
□□□ I shouldn't have (　　　　).
💡〜にお金を貸す　lend 〜 money（lend を過去分詞形に）

> 5と6は、
> したことに
> 対する後悔

6 　仕事を辞めなきゃよかった。
□□□ I shouldn't have (　　　　).
💡〜を辞める　quit（過去分詞形に）

7 　若いときに、もっと貯金をしておくべきだったな。
□□□ I should've (　　　　).
💡貯金する　save money（save を過去分詞形に）

106

1　**I should've** studied harder.

［解説］study（勉強する）の過去分詞形は studied です。in my college days（大学時代に）などを続けてもいいですね。

2　**I should've** gotten a driver's license.

［解説］gotten はアメリカ英語で使われることが多い get の過去分詞形です。got でもかまいません。

3　**I should've** seen a doctor **sooner.**

［解説］「医者に診てもらう」は see a doctor と表します。see の過去分詞形は seen です。sooner は soon（早く）の比較級で「もっと早く」という意味。

4　**I should've** been more careful.

［解説］careful は「気をつける、慎重な」という意味の形容詞なので、be 動詞の過去分詞形 been を加えましょう。「もっと」を表す more を忘れないように。

5　**I shouldn't have** lent him money.

［解説］お金などを「貸す」は lend で、過去分詞形は lent です。逆に「借りる」場合、有料なら rent、無料なら borrow の過去分詞形を使います。

6　**I shouldn't have** quit my job.

［解説］quit（～を辞める）は、過去形・過去分詞形とも quit で形が変わりません。

7　**I should've** saved more money when I was younger.

［解説］save（～を蓄える）の過去分詞形は saved。「若いときに」は when I was younger と過去形にしましょう。younger は young でも OK。

空欄には次のようなことばを入れることもできます。

☐ said OK 快諾する　☐ married him 彼と結婚する

☐ told her that そのことを彼女に話す

☐ applied for it それに申し込む

☐ apologized 謝る　☐ accepted it それを受け入れる

☐ trusted her 彼女を信頼する　☐ taken medicine 薬を飲む

☐ been generous 寛大になる　☐ checked it 確認する

☐ stayed up late last night 昨夜、遅くまで起きている

次のような点にも注目すると表現の幅が広がります。

✏ 似た表現のバリエーション

後悔の気持ちは〈I feel bad about ＋動詞の ing 形〉でも表すことができます。「～したことを申し訳なく思う」という意味で、してしまったことに対する後悔と申し訳ない気持ちを同時に表します。

「～しなかったことを申し訳なく思う」場合は、動詞の ing 形の前に not を入れましょう。これらは過去の出来事に対する後悔だけでなく、今申し訳なく思っていることにも使えます。

例 | I feel bad about lying to her.
　　彼女にうそをついたことを申し訳なく思う。
　　I feel bad about not visiting my parents often.
　　まめに両親に会いに行けていないことを申し訳なく思っている。

107

54 | 推測する

A must ~.

A はきっと~だろう。

✎ どんな場面で使う？

確固たる証拠はないものの、おそらく間違いないだろうという**確信のある推測**を表します。**主語の A には人・物のどちらも入ります。**「きっと~だろう」「~に違いない」「~なはずだ」という意味になります。

✎ 空欄に入るのは？

空欄には動詞の原形が入ります。いくつかパターンを見てみましょう。

一般動詞の原形	She must <u>know</u> that. （彼女はそのことを知っているに違いない）
be ＋一般動詞 の ing 形	He must <u>be enjoying</u> his trip now. （彼は今ごろ旅行を楽しんでいるに違いない）
be 動詞＋形容 詞・名詞・前置 詞＋名詞	You must <u>be tired</u>.（きっとお疲れでしょう）※気遣い表現 He must <u>be a detective</u>.（彼はきっと刑事だろう） She must <u>be at home</u> now.（彼女は今家にいるに違いない）

✎ 否定文は？

「~ではないはずだ」「~であるはずがない」という**否定の確信は can't で表すのが一般的**です。

例 | She can't be over 60.　彼女は 60 歳を超えているはずがない。

✎ 過去を表すには？

「きっと~だったに違いない」という過去の確信は〈must've ＋動詞の過去分詞形〉で表します。must've は must have の短縮形で［**マ**スタヴ］と発音します。

例 | He must've <u>been</u> busy yesterday.
　　彼は昨日、きっと忙しかったのだろう。
　　You must've <u>visited</u> many countries on business.
　　きっとお仕事でいろんな国を訪れたのでしょうね。

○これだけは言えるようになりたい基本表現

1
□□□
彼はきっとこの辺に住んでいるのだろう。

( ) must ( ) around here.

2
□□□
ご両親はきっとあなたのことが心配なのでしょうね。

( ) must ( ).

💡〜を心配する　worry about 〜

3
□□□
彼女はきっと喜んでいるだろう。

( ) must ( ).

💡喜んでいる　happy（動詞を補う）

4
□□□
彼らは今ごろラフティングを楽しんでいることでしょう。

( ) must ( ) now.

💡ラフティングを楽しむ　enjoy rafting（進行形に）

5
□□□
それは台所にあるはずですよ。

( ) must ( ).

○これで差がつくプラスアルファの表現

6
□□□
彼らはきっと怖かっただろう。

They ( ).

💡怖い　scared（動詞を補う）

7
□□□
それは彼女の仕業に違いない。

She ( ).

💡「彼女がそれをしたに違いない」と考える

1　He **must** live **around here.**

［解説］「住んでいる」は live ですね。「この辺りで働いている」と言うなら work around here とします。

2　Your parents **must worry about you.**

［解説］常に気がかりである「心配する」は worry で表します。すでに起きている具体的な事柄について「心配している」場合は be worried です。

3　She **must be happy.**

［解説］「喜んでいる」は happy で表します。happy は「うれしい」「楽しい」「幸せな」といった意味でも使うことができます。be 動詞を忘れずに。

4　They **must be enjoying rafting** now.

［解説］「今ごろ楽しんでいる」なので、進行形の be enjoying としましょう。rafting は「ラフティング」全般のこと。「急流下り」は white-water rafting と言います。

5　It **must be in the kitchen.**

［解説］物や人がどこにあるか（いるか）は be 動詞を使って表します。The cat must be on the sofa.（猫はソファの上にいるはずだ）などと応用できます。

6　They **must've been scared.**

［解説］「きっと〜だっただろう」という過去の推測は〈must've ＋動詞の過去分詞形〉で表します。scared は形容詞なので、be 動詞の過去分詞形 been を補いましょう。

7　She **must've done that.**

［解説］「彼女がそれをしたに違いない」と考えて、do that の過去分詞形 done that を続けます。日本語に難しい表現が含まれているときは、やさしい日本語に置き換えると英語にしやすくなりますよ。

空欄には次のようなことばを入れることもできます。

☐ be stressed ストレスがたまっている

☐ be excited わくわくしている

☐ be proud of oneself 自分自身を誇りに思う

☐ be a perfectionist 完璧主義者である

☐ be a teacher 先生・教諭である

☐ be in one's room 自分の部屋にいる

☐ be in the fridge 冷蔵庫の中にある

☐ love him 彼を愛している

☐ have loved him 彼を愛していた

☐ keep it secret 秘密にしている

☐ have kept it secret 秘密にしていた

☐ been a coincidence 偶然だった

☐ been cold 冷たかった、寒かった

☐ been bored 退屈していた

☐ been disappointed がっかりしていた

次のような点にも注目すると表現の幅が広がります。

✏️ 「物」が主語の場合

確信のある推測を表す must が、「物」を主語にする場合をもう少し見てみましょう。

例 | This soup must be spicy.
このスープは辛いに違いない。

Kyoto must be beautiful at this time of year.
京都はこの時期、きっと美しいだろう。

109

55 | 推測する

A might ～.

A は～かもしれない。

STEP 1　基本レッスン

✏ どんな場面で使う？

自信がないながらもその可能性があると推量するときに使い、「～かもしれない」「～するかもしれない」という意味です。主語の A には人・物のどちらも入ります。might を may にしても OK です。

✏ 空欄に入るのは？

空欄には動詞の原形が入ります。いくつかパターンを見てみましょう。

一般動詞の原形	I might <u>buy</u> a house next year. （来年家を買うかも）
be ＋一般動詞の ing 形	He might <u>be sleeping</u>. （彼は寝ているかもしれない）
be 動詞＋形容詞・名詞・前置詞＋名詞	She might <u>be angry</u> at me. （彼女は私に腹を立てているかも） He might <u>be a professional photographer</u>. （彼はプロの写真家かもしれない） I might <u>be in Paris</u> at Christmas. （クリスマスのころ、私はパリにいるかも）

✏ 否定文は？

「～ではないかもしれない」いう否定の推量は、might not や may not と表します。

例 ｜ He might not like Japanese food.　彼は和食が好きではないかも。

✏ 過去を表すには？

「（もしかしたら）～だったかもしれない」「（もしかしたら）～したことがあるかもしれない」と過去について言うときは、〈might've ＋動詞の過去分詞形〉で表します。

例 ｜ She might've <u>loved</u> him.
　　　彼女は彼のことを愛していたのかもしれない。

STEP 2　問題　空欄に適切なことばを入れましょう。2語以上入ることもあります。

○これだけは言えるようになりたい基本表現

1
□□□
明日は雪が降るかもしれない。
(　　) might (　　) tomorrow.
💡雪が降る　snow

2
□□□
この時計、壊れているかも。
(　　) might (　　).
💡壊れている　broken

3
□□□
彼は今、運転中かも。
(　　) might (　　) now.

4
□□□
君の携帯電話は車の中にあるかもしれないよ。
(　　) might (　　).
💡携帯電話　phone

○これで差がつくプラスアルファの表現

5
□□□
彼女は美術品に興味がないかもしれない。
(　　) might (　　　　).
💡美術品（全体）　art

6
□□□
（食事会に）仕事が早く終わったら顔を出すかもしれない。
If I (　　　　), I might (　　).
💡顔を出す　show up

7
□□□
彼女のことを誤解していたのかもしれないな。
I (　　　　).
💡〜のことを誤解する　misunderstand（過去分詞形に）

231

110

1　It **might** snow **tomorrow.**

［解説］「雪が降る」は snow ひと言で表し、主語を it にします。「雨が降る」は rain です。

2　This clock **might** be broken.

［解説］broken は「壊れている」状態を表す形容詞なので、動詞の be を忘れないように。仮に This clock might break. と表現すると、「この時計は壊れるかもしれない」という意味になります。

3　He **might** be driving **now.**

［解説］今進行中のことは〈be ＋動詞の ing 形〉で表します。

4　Your phone **might** be in the car.

［解説］直訳すると「携帯電話」は cell phone、「スマホ」は smartphone ですが、日常的には phone がよく使われます。「車の中にある」は be in the car と表します。

5　She **might** not be interested in art.

［解説］「〜ではないかもしれない」という否定は might not で表します。art の代わりに sports（スポーツ）や traveling（旅行）などを入れて、応用しましょう。

6　If I finish work early, I **might** show up.

［解説］可能性がある事柄は〈if ＋動詞の現在形〉なので、「仕事が早く終わったら」は If I finish work early と言います。show up は「顔を出す、姿を表す」という意味で、「行く」や「来る」というニュアンスで使います。

7　I might've misunderstood her.

［解説］過去のことに対する推量は〈might've ＋過去分詞形〉で表します。「〜を誤解する」は misunderstand で、過去分詞形は misunderstood です。

空欄には次のようなことばを入れることもできます。

☐ come 来る　☐ join us 一緒に来る、参加する

☐ get hot 暑くなる　☐ get chilly 肌寒くなる

☐ be irritated イライラしている　☐ be exhausted 疲れきっている

☐ be taking a nap 昼寝をしている

☐ be taking a bath 風呂に入っている

☐ have been there その場にいた

☐ have noticed it それに気がついた

☐ have been nervous 緊張していた

☐ have lost it それをなくした

☐ have heard it それを聞いた

☐ have seen the movie その映画を見た

次のような点にも注目すると表現の幅が広がります。

✐ might と may の違い

might は may（〜かもしれない）の過去形ですが、推量を表す表現では、どちらも現在または未来のことについて使います。厳密に言うと、might より may のほうが可能性は多少高いのですが、どちらを使っても意味の差はあまりありません。使い分けが気になるようなら、might は「もしかしたら〜かもしれない」、may は「〜かもしれない」と覚えておくといいでしょう。（201 ページも参照）

✐ 「物」が主語の場合

推量を表す might が、「物」を主語にする場合をもう少し見てみましょう。

例 | The typhoon might hit this area.
台風がこの地域を直撃するかも。
This medicine might help ease your pain.
この薬は痛みを和らげるのに効くかも。

111

56 | 感想を述べる

How was ~?
~はどうだった？

どんな場面で使う？

「〜はどうだった？」と感想や印象を尋ねる定番表現です。帰宅した家族に学校や仕事について尋ねたり、映画鑑賞をした人に感想を聞いたりするような状況で使います。

空欄に入るのは？

空欄には school（学校）、work（仕事）、the movie（映画）、your trip（旅行）、your weekend（週末）など、単数形の名詞を入れます。

名詞が複数形のときは

空欄に入る名詞が複数形のときは、How were ~? となることに注意しましょう。

例 | How were the exams?
　　試験はどうだった（よくできた）？
　　How were your parents?
　　ご両親はどうでしたか（お元気でしたか）？

似た表現のバリエーション

「どうだった？」は How did ~ go? で表すこともできます。How was ~? が感想や印象を尋ねるのに対し、How did ~ go? は結果を尋ねています。「〜はどのように進みましたか？」が直訳で、空欄には your interview（面接試験）、your presentation（プレゼン）など、相手がしたことの成果や手応えを尋ねています。「〜はうまくいった？」というニュアンスです。

例 | How did your interview go?
　　面接はどうだった？（うまく答えられた？）
　　How did your presentation go?
　　プレゼンはどうだった？（うまくできた？）

STEP 2　問題　　空欄に適切なことばを入れましょう。2語以上入ることもあります。

○これだけは言えるようになりたい基本表現

1
□□□
今日はどんな一日だった？
How was (　　　)?
💡「あなたの日はどうでしたか？」と考える

2
□□□
天気はどうでしたか？
How was (　　　)?
💡天気　weather

3
□□□
彼とのディナーはどうだった？
How was (　　　)?

4
□□□
彼女の反応はどうだった？
How was (　　　)?
💡反応　reaction

5
□□□
オーディションはうまくいきましたか？
How did (　　　)?
💡オーディション　audition

didを使っている
ことに注目

○これで差がつくプラスアルファの表現

6
□□□
今月の売り上げはどうでしたか？
How (　　　)?
💡売り上げ　sales

7
□□□
お母様の白内障の手術はうまくいきましたか？
How did (　　　)?
💡白内障　cataract ／手術　surgery

112

1　How was your day?

［解説］同僚や家族に今日一日について尋ねるときの定番表現です。I had a busy day.（忙しかった）、It was just a normal day.（いつもと同じだった）のように答えます。

2　How was the weather?

［解説］旅行や試合など、天気が影響するような場合に尋ねます。最後に there を付けて、「現地の天気はどうだった？」と聞いてもいいですね。

3　How was your dinner with him?

［解説］「〜とのディナー」は、your dinner のあとに with ＋人を続けます。この語順は「〜とのデート」などにも応用できます。

4　How was her reaction?

［解説］驚かせたり、うれしい情報を伝えたときの反応を聞く表現です。Was she surprised?（驚いていた？）などと続けてもいいですね。

5　How did your audition go?

［解説］オーディションの結果や手応えは How did 〜 go? で尋ねるのが自然。How was your audition? としても OK です。

6　How were this month's sales?

［解説］「今月の売り上げ」は this month's sales のほか、the sales of this month や the sales this month と表すこともできます。sales が複数形なので How were とします。

7　How did your mother's cataract surgery go?

［解説］手術の結果を聞いているので、How did 〜 go? がしっくりきますが、How was 〜? としても間違いではありません。「白内障の手術」は cataract surgery と言います。

空欄には次のようなことばを入れることもできます。

□ the concert　コンサート　□ your vacation　休暇
□ your date　デート　□ the game today　今日の試合
□ the medical checkup　健康診断　□ the flight　フライト、空の旅
□ the meeting　会議、打ち合わせ　□ the negotiation　交渉
□ the discussion　話し合い　□ your business trip　出張

次のような点にも注目すると表現の幅が広がります。

✎ 相手が切り出した話題には it を使う

「映画を見てきたよ」や「週末、沖縄へ行ってきたんだ」などと相手が話を切り出した場合は、それを it で受けて How was it? (どうだった?) と尋ねてみましょう。

例 | A: I went to Okinawa last weekend.
　　　週末、沖縄へ行ってきたんだよ。

B: Did you? How was it?
　　　そうなんだ。どうだった?

A: It was great. I love the beaches there.
　　　すごくよかったよ。沖縄の海は最高だね。

> it を使って
> 会話を続けよう

57 | 感想を述べる

It was really ~.

すごく〜だった。

✎ どんな場面で使う？

56. How was ~? (〜はどうだった？) に対する定番の答え方で、「すごく〜だった」という意味です。自分の感想を主観的に表します。

✎ 空欄に入るのは？

空欄には、good (よい)、hard (難しい)、challenging (やりがいのある、意欲をかき立てる)、boring (つまらない) など、感想や印象を表す形容詞を入れます。

✎ really を入れ替えてみる

really は「すごく、本当に」という意味。ほかの「程度」を表す語句と入れ替えて使うこともできます。

例 | It was <u>so</u> good.　すっごくよかった。
　 | It was <u>pretty</u> good.　けっこうよかった。

✎ 否定文は？

「〜ではなかった」と完全に否定する場合は It wasn't ~. とします。「あまり〜ではなかった」というやわらかい否定は、It wasn't really ~. や It wasn't very ~. で表します。It wasn't so ~. も同じ意味ですが、so にはがっかりしたり残念な気持ちなど、話者の感情が含まれています。

✎ 複数の場合は They were ~. になる

複数形の名詞について感想を聞かれた場合は They were ~. で答えます。質問と回答の単数・複数が合うように気をつけましょう。

例 | A: How were the cookies I baked?
　 | 　 私の焼いたクッキーどうだった？
　 | B: They were really tasty.
　 | 　 すごくおいしかったよ。

◯これだけは言えるようになりたい基本表現

1
□□□
とても心地よかった。
It was (　　　　).
💡心地よい　comfortable

2
□□□
非常に感動的だった。
It was (　　　　).
💡非常に　quite ／感動的な　touching

3
□□□
（景色などが）息をのむほど美しかった。
It was (　　　　).
💡息をのむほど美しい　breathtaking

4
□□□
少し怖かった。
It was (　　　　).
💡怖い　scary

5
□□□
めちゃくちゃ混んでた。
It was (　　　　).
💡混雑して　crowded

◯これで差がつくプラスアルファの表現

6
□□□
すごく使いやすかった。
It was (　　　　).

7
□□□
あの野菜はどうだった？――とても新鮮でおいしかったよ。
(　　) were (　　)?――(　　　　).
💡新鮮な　fresh ／おいしい　tasty

　答え合わせです。音声を聞きながら、自分でも発音してみましょう。

1　**It was** really comfortable.

［解説］comfortable は「心地よい」という意味で、物や空間、感触など、さまざまな対象に使えます。comfy と略すこともあります。

2　**It was** quite touching.

［解説］「感動的な」は touching や moving と言います。quite を really や so に変えてもいいでしょう。

3　**It was** breathtaking.

［解説］breathtaking は景色や作品、行為などが「息をのむように美しい」「見事な」「本当にすばらしい」という意味です。

4　**It was** a little scary.

［解説］「少し」は a little のほか、a bit としても OK です。scary は「怖い」存在の人や物に対して使います。「怖い思いをした」なら scared で、人を主語にします。

5　**It was** so crowded.

［解説］話し手の感情を意識して「めちゃくちゃ」を so で表しましたが、very や really でも OK です。「混雑した」は crowded や packed と表します。

6　**It was** very easy to use.

［解説］「〜しやすい」は〈easy to ＋動詞の原形〉で表します。「わかりやすい」なら easy to understand、「覚えやすい」なら easy to remember です。「〜しにくい」の場合は easy を hard にしましょう。

7　How **were** the vegetables? — They were really fresh and tasty.

［解説］質問文の be 動詞が were と複数形なので、vegetables も複数形にします。答えるときは They were ~. とします。「新鮮」は fresh、「おいしい」は tasty です。

空欄には次のようなことばを入れることもできます。

□ easy 簡単な　□ humid じめじめした、湿度が高い

□ hot 暑い　□ far 遠い

□ tiring 疲れる、骨の折れる　□ awesome すばらしい

□ amazing すばらしい　□ unbelievable 信じられない

□ disappointing がっかりさせるような　□ beautiful 美しい

次のような点にも注目すると表現の幅が広がります。

✏ really の入れ替え表現

238 ページで紹介した really と入れ替えられる「程度」を表す語句のニュアンスを整理しておきましょう。

very	とても、非常に	「とても」の意味が含まれる形容詞にはあまり使わない。great（すばらしい＝とてもよい）や giant（巨大な＝とても大きい）は really や so で強調する
so	とても、すっごく	驚きやうれしさなどの感情が含まれる
quite	非常に、とても	アメリカ英語では very と同じくらいの程度、イギリス英語では「まあまあ」「なかなか」という程度
pretty	かなり、けっこう	アメリカ英語で多用されるくだけた語。会話で使うことが多い
fairly	まあまあ、まずまず、まぁそれなりに	それほど強くない程度を表す。fairly good は「悪くはないけど、特別よいわけでもない」ニュアンス
a little	少し、ちょっと	a bit や a little bit と言うこともある

115

58 | 感想を述べる

It wasn't as ~ as I thought.

思ったほど~ではなかった。

STEP 1　基本レッスン

🖊 どんな場面で使う？

想像や期待、予測と比べて、実際はそれほどでもなかったときに使います。wasn't は was not の短縮形。not as ~ as ... は「…ほど~ではない」という意味で、... に I thought (私が思っていた) を入れて「思ったほど~ではなかった」を表しています。このパターンも 56. How was ~?(~はどうだった？)に対する答えとしてよく使います。

🖊 空欄に入るのは？

空欄には、good (よい)、delicious (とてもおいしい)、oily (脂っこい)、crowded (混雑した) などの感想や印象を表す形容詞を入れます。

🖊 I thought のバリエーション

「思ったほど~ではなかった」の「思ったほど」は、次のように応用することもできます。

I expected (期待していたほど)	It wasn't as delicious as I expected. (期待していたほどおいしくなかった)
I imagined (想像していたほど)	It wasn't as big as I imagined. (想像していたほど大きくなかった)
I heard (聞いていたほど)	It wasn't as difficult as I heard. (聞いていたほど難しくなかった)
people said (みんなが言っていたほど)	It wasn't as sweet as people said. (みんなが言っていたほど甘くなかった)
the reviews said (レビューに書いてあったほど)	It wasn't as bad as the reviews said. (レビューに書いてあったほど悪くなかった)

🖊 主語を変えて応用する

主語を the client (その顧客)、the movie (その映画)、the shop (その店) など具体的な名詞を入れて応用します。

STEP 2　問題　　空欄に適切なことばを入れましょう。2語以上入ることもあります。

○これだけは言えるようになりたい基本表現

1　思っていたほど暑くはなかった。
□□□　It wasn't as (　　) as I thought.

2　思っていたほど面白くはなかった。
□□□　It wasn't as (　　) as I thought.
💡面白い　funny

3　思っていたほど安くはなかった。
□□□　It wasn't as (　　) as I thought.
💡安い　cheap

4　思ったほど辛くはなかった。
□□□　It wasn't as (　　) as I thought.
💡辛い　spicy

○これで差がつくプラスアルファの表現

5　みんなが言っていたほどよくなかった。
□□□　It wasn't as (　　) as (　　　　).

6　ビーチは想像していたほど美しくはなかった。
□□□　(　　) wasn't as (　　) as (　　　　).

7　そのホテルは期待していたほど豪華ではなかった。
□□□　(　　) wasn't as (　　) as (　　　　).
💡豪華な　gorgeous

116

1　**It wasn't as hot as I thought.**

［解説］hot を cold（寒い）、muggy（蒸し暑い）、windy（風が強い）などと入れ替えて応用することもできます。

2　**It wasn't as funny as I thought.**

［解説］funny は人を笑わせるような「面白い」という意味。「楽しい」に近い「面白い」なら fun、興味深さからくる「面白い」は interesting を使います。

3　**It wasn't as cheap as I thought.**

［解説］値段が「安い」は cheap です。反対に「高い」は expensive、くだけて pricy や pricey と言います。「お手頃な」は reasonable です。

4　**It wasn't as spicy as I thought.**

［解説］「辛い」は spicy や hot で表します。salty（しょっぱい）、heavy（胃にもたれる）、rich（こくのある、こってりした）なども覚えておきましょう。

5　**It wasn't as good as people said.**

［解説］「みんなが言っていたほど」は people said と表します。my friend said（友だちが言っていたほど）などと応用できますね。

6　**The beach wasn't as beautiful as I imagined.**

［解説］自分が行ったビーチを指しているので the を忘れないようにしましょう。海水の透明さを言いたい場合は The sea wasn't as clear as ... とします。

7　**The hotel wasn't as gorgeous as I expected.**

［解説］ここも、自分の滞在したホテルを指しているので the が必要です。gorgeous は「豪華な、贅沢な、高級な」という意味です。

空欄には次のようなことばを入れることもできます。

☐ hard 大変な　☐ tough キツい

☐ strong 強い　☐ weak 弱い

☐ far 遠い　☐ impressive 印象的な

☐ strict 厳しい　☐ bitter 苦い

☐ exciting わくわくする　☐ formal 堅苦しい

次のような点にも注目すると表現の幅が広がります。

🖊 肯定文のニュアンス

It was as ~ as I thought. と肯定文にすると、「思っていたとおり~だった」
となります。一緒に覚えておきましょう。

例 | It was as good as I thought.
　　 思っていたとおりよかった。
　　 The game was as competitive as we expected.
　　 みんなが予想していたとおり、その試合は接戦だった。
　　 The movie was as great as the review said.
　　 レビューに書いてあったとおり、その映画はすばらしかった。

59 | 感想を述べる

It was ~ than I thought.
思ったより〜だった。

STEP 1　基本レッスン

✏️ どんな場面で使う？

想像や期待、予測と比べて、実際はそれ以上かそれ以下だったときに使います。than ... は「…より」という意味で、... に I thought（私が思っていた）を入れて「思ったより〜だった」を表しています。

✏️ 空欄に入るのは？

空欄には形容詞の比較級を入れます。比較級とは、good（よい）なら good-better-best の better を言います。cold（寒い）なら cold-colder-coldest の colder です。例えば「思ったよりよかった」と言う場合は、It was better than I thought. とします。「思ったより寒かった」なら It was colder than I thought. です。

✏️ 強調するには

「思ったよりはるかに〜だった」と強調するには much や far を使います。いずれも「はるかに」という意味です。

例 | It was <u>much</u> better than I thought.
　　　思ったよりはるかによかった。

✏️ than I thought のバリエーション

「思ったより〜だった」の「思ったより」は、次の語句と入れ替えられます。

・than I expected　期待していたより→期待以上に
・than I imagined　想像していたより→想像以上に

例 | It was **more exciting** than I imagined.
　　　想像以上にわくわくした。

中学で習った
比較級を
思い出そう

○ これだけは言えるようになりたい基本表現

1
□□□
思ったより簡単だった。

It was ( ) than I thought.

2
□□□
思ったより難しかった。

It was ( ) than I thought.

3
□□□
思ったより暖かかった。

It was ( ) than I thought.

4
□□□
思ったより複雑だった。

It was ( ) than I thought.

💡 複雑な complicated（比較級に）

○ これで差がつくプラスアルファの表現

5
□□□
思ったよりはるかに混雑していた。

It was ( ) than I thought.

💡 混雑した crowded（比較級に）

6
□□□
想像以上に時間がかかった。

It was ( ) than ( ).

💡 時間のかかる time-consuming（比較級に）

7
□□□
日本チームは私たちが期待した以上に強かった。

( ) was ( ) than ( ).

💡 強い strong（比較級に）／主語に注意

118

1 **It was easier than I thought.**

［解説］easy（簡単な）の比較級は、最後の y を i に変え -er を付けて表します。

2 **It was harder than I thought.**

［解説］「難しい」は hard のほか、difficult や tough でも表せます。比較級は
それぞれ harder, more difficult, tougher です。

3 **It was warmer than I thought.**

［解説］「暖かい」は warm で、比較級は warmer です。「涼しい」の場合は
cool- cooler です。

4 **It was more complicated than I thought.**

［解説］「複雑な」は complicated で ［カンプリケイティッド］ と発音します。比
較級には more を付けます。

5 **It was much more crowded than I thought.**

［解説］crowded（混雑した）のような -ed で終わる形容詞も、比較級は more
を付けて表します。「はるかに」は much や far で表します。

6 **It was more time-consuming than I imagined.**

［解説］time-consuming（時間のかかる）のような -ing で終わる形容詞も、
more を付けて比較級を作ります。「想像以上に」は than I imagined とします。

7 **Team Japan was stronger than we expected.**

［解説］主語を Team Japan（日本チーム）にしましょう。比較級は strong に
-er を付けて作り、「私たちが期待した以上に」は than we expected と表します。

空欄には次のようなことばを入れることもできます。

□ bigger　より大きい　　□ smaller　より小さい

□ more boring　より退屈な　　□ more comfortable　より心地よい

□ scarier　もっと怖い　　□ friendlier　より友好的な

□ further / farther　より遠い　　□ nearer　より近い

□ more profitable　よりもうかる　　□ more fulfilling　より充実した

次のような点にも注目すると表現の幅が広がります。

✎ 形容詞の比較級と最上級

形容詞の比較級と最上級の作り方を復習しておきましょう。good のように、不規則に変化する単語には注意が必要です。また、more を less にすると「より〜ではない」を表します。

通常は形容詞に -er/-est を付ける	new-newer-newest
-e で終わる形容詞は -r/-st を付ける	large-larger-largest
-y で終わる形容詞は y をとって -ier/-iest にする	happy-happier-happiest busy-busier-busiest
短母音の短い形容詞は最後の子音を重ねて -er/-est を付ける	big-bigger-biggest hot-hotter-hottest
-ed や -ing、-ful で終わる形容詞は more/most を付ける	crowded-more crowded-most crowded interesting-more interesting-most interesting careful-more careful-most careful
長めの形容詞も more/most を付ける	difficult-more difficult-most difficult beautiful-more beautiful-most beautiful

119

60 | 感想を述べる

It was the ~ A I'd ever ....
それまで…した中で一番〜な A だった。

STEP 1 基本レッスン

✏️ **どんな場面で使う？**

それまでに経験した中での「一番」を伝えるときの表現です。I'd は I had の短縮形、ever は「これまでに」という意味です。

✏️ **空欄に入るのは？**

空欄には「一番」を表す形容詞の最上級を入れます。最上級とは good（よい）なら good-better-best の best のこと。old（古い）なら old-older-oldest の oldest です。最上級は the を伴います。A の部分には、drama（ドラマ）、temple（お寺）、cake（ケーキ）、house（家）などの名詞を入れます。最後の … には、動詞の過去分詞形を入れます。動詞の過去分詞形とは、53. で見たように、watch（〜を見る）なら watch-watched-watched の最後の watched です。

例 | It was the best drama I'd ever watched.
　 | それまで見た中で一番いいドラマだった。
　 | It was the oldest temple I'd ever visited.
　 | それまで訪れた中で一番古いお寺だった。

✏️ **現在形で言う場合**

「今まで…した中で一番〜な A です」と現在形で言う場合は、It's the ~ A I've ever .... とします。

例 | It's the best movie I've ever seen.
　 | 今まで見た中で最高の映画だ。

○これだけは言えるようになりたい基本表現

1
□□□
それまで受けた中で一番簡単な試験だった。
It was the (　) I'd ever (　).

2
□□□
それまで見た中で一番美しい夕焼けだった。
It was the (　) I'd ever (　).
💡夕焼け　sunset

3
□□□
それまで観戦した中で一番ハラハラする試合だった。
It was the (　) I'd ever (　).
💡ハラハラする　thrilling

4
□□□
それまで経験した中で一番暑い夏だった。
It was the (　) I'd ever (　).
💡経験する　experience（過去分詞形に）

5
□□□
それまで行った中で一番印象的な街だった。
It was the (　) I'd ever (　).
💡印象的な　impressive

6
□□□
それまで聞いた中で一番ためになる講義だった。
It was the (　) I'd ever (　).
💡ためになる　informative／講義　lecture

○これで差がつくプラスアルファの表現

7
□□□
姫路城は私が今まで訪れた中で一番優雅なお城です。
(　) is the (　　).
💡優雅な　elegant／城　castle
現在形に注意

120

1 **It was the** easiest exam **I'd ever** taken.

［解説］exam（試験）は test でも OK です。「（試験）を受ける」は take で表し、ここでは taken にします。

2 **It was the** most beautiful sunset **I'd ever** seen.

［解説］「（夕焼け）を見る」は see の過去分詞形 seen で表しましょう。

3 **It was the** most thrilling game **I'd ever** watched.

［解説］thrilling は「ハラハラさせるような、スリル満点の」という意味の形容詞。スポーツ観戦は watch で表すことが多いのですが、see も使えます。

4 **It was the** hottest summer **I'd ever** experienced.

［解説］I'd ever experienced（それまで経験した中で）は、この構文でよく使う表現なので覚えておきましょう。

5 **It was the** most impressive city **I'd ever** been to.

［解説］「印象的な」は impressive です。「それまで行った中で」は gone ではなく、I'd ever been to と表します。to を忘れないようにしましょう。

6 **It was the** most informative lecture **I'd ever** heard.

［解説］informative（ためになる）を、instructive や educational と入れ替えることもできます。

7 Himeji Castle **is the** most elegant castle I've ever visited.

［解説］日本語が「今まで…した中で一番～な A です」と現在形になっているので、このように表します。is や I've といった時制に注意しましょう。

空欄には次のようなことばを入れることもできます。

・一番〜な A

☐ best movie　一番いい（最高な）映画

☐ most interesting novel　一番面白い小説

☐ most modern art exhibition　一番現代的な美術展

☐ coolest building　一番カッコいい建物

☐ longest tunnel　一番長いトンネル

☐ most expensive shoes　一番高い靴

☐ busiest year　一番忙しい年

・…した中で

☐ bought　買った　　☐ read　読んだ

☐ had/eaten　食べた　　☐ driven　運転した

☐ climbed　登った　　☐ tried　試した

☐ made　作った　　☐ met　会った　　☐ had　過ごした

次のような点にも注目すると表現の幅が広がります。

✒ 相手の「一番」を質問するには

これまで経験した中での一番を相手に聞くには、次のように表現します。

例 ┃ What's the best movie you've ever seen?

　　┃ 今まで見た中で一番よかった映画は何ですか？

　　┃ What's the most exciting country you've ever visited?

　　┃ 今まで訪れた中で一番わくわくした国はどこですか？

　話を切り出したり話題を変えたりするときは、ワンクッション挟むのが効果的です。また、相手の話が理解できないときは、聞き返したり、ゆっくり話してもらうよう伝えることも大切。表現例を見てみましょう。

■ 言い出し

You know what?	あのね、聞いて
Guess what?	ねぇねぇ／何があったと思う？
Believe it or not,	信じないかもしれないけど ※相手が驚くことを話すときに
Before I forget,	忘れないうちに言っておくけど
Between you and me,	ここだけの話だけど
Speaking of which,	そう言えば ※ある話題から関連する別の話題に切り替えるときに
That reminds me.	あっ、それで思い出した ※ある話題から何かを思い出したときに
By the way,	ところで
As you may know,	ご存じかもしれませんが

■ 聞き返し

Sorry?	ごめん、もう一度言って ※聞き取れなかったときに
What's that?	何って？　※聞き取れなかったときに
Could you say that again?	もう一度言っていただけますか？
Sorry, could you speak slowly?	すみません、ゆっくり話していただけますか？
Sorry, I didn't catch that.	すみません、聞き取れませんでした
What do you mean?	どういう意味ですか？
You mean, ~?	〜ということですか？ ※正しく理解できているかを確認するときに
Did you say ~?	〜とおっしゃいました？
How do you spell it?	それはどうつづりますか？

Column 6　間違えやすい Yes/No の答え方

　相手の質問に Yes か No で答えるとき、英語学習者が間違えやすい「聞かれ方」があります。日本語から英語に直訳して答えると、Yes と No が逆になってしまうパターンです。

　例えば、あなたは面接を控えていますが「緊張していない」としましょう。Are you nervous?（緊張してる?）と聞かれたら、No. I'm not nervous.（いや、緊張してないよ）と答えますね。これは日本語と同じ答え方です。ところが Aren't you nervous?（緊張してないの?）と聞かれた場合、日本語では「うん、緊張してないよ」と答えるため、これを直訳して Yes. I'm not nervous. と言ってしまいがち。ですが、これは間違いです。英語では、この場合も No. I'm not nervous. と No で答えなければなりません。

　Yes/No の質問に英語で答える際、大事なことは、「事実が肯定なら常に Yes、否定なら常に No になる」ということ。質問文が肯定か否定かは関係ありません。上の例文は、事実は「緊張していない」という否定です。ですから、どのように聞かれても No で答えるのです。

　別の例を見てみましょう。例えば、あなたは「ホラー映画を見る」としましょう。Do you watch horror movies?（あなたはホラー映画を見ますか?）と聞かれても、Don't you watch horror movies?（ホラー映画は見ませんよね?）と聞かれても、常に Yes, I do. や Yes. I watch horror movies. のように Yes で答えます。英語の聞かれ方に惑わされないようにしてくださいね。

　この答え方は、付加疑問文の場合も同じです。事実が肯定なら Yes、否定なら No で答えます。例文で確認しましょう。

例 1　事実＝天気予報によると「明日は雨が降る」
　　　A: It won't rain tomorrow, will it?　明日、雨は降らないよね?
　　　B: Yes, it will.　いや、降るよ。
例 2　事実＝パーティーに行かなかった
　　　A: You didn't go to the party, did you?　パーティーには行かなかったよね?
　　　B: No, I didn't.　うん、行かなかった。

ミニマル英会話に
チャレンジ

Chapter 1で学んだ表現を使い、

会話練習に挑戦しましょう。

それぞれの場面を想像しながら、

自分が登場人物になったつもりで

適切なことばを探しましょう。

Dialogue
1

会話練習

日本語を見て、空欄に適切なことばを入れましょう。

 何かペットを飼ってる?
Do you ❶ (　　　　　　)?

 ううん、でも以前は犬を飼ってたよ。君は?
No, but ❷ (　　　　　　). ❸ (　　　　) you?

 猫を2匹飼ってるわ。私、愛猫家なの。
I have two cats. I'm ❹ (　　　　) person.

 いいなぁ。僕もペットを飼えたらいいのに。
Lucky you. I ❺ (　　　　　　) have a pet.

✏ 答え

わからなかった問題は Chapter 1 に戻って復習しましょう。

❶ Do you have any pets?　⇒ 16 参照
❷ No, but I used to have a dog.　⇒ 12 参照
❸ How about you?　⇒ 49 参照
❹ I'm a cat person.　⇒ 09 参照
❺ I wish I could have a pet.　⇒ 26 参照

日本語を見て、空欄に適切なことばを入れましょう。

うれしそうだね。
You ❶ (　　　).

今週の日曜日からヨーロッパを訪れるのよ。
I'm ❷ (　　　　　) this Sunday.

それはいいね！ 楽しんできてね。
That's great! ❸ (　　　) time.

ええ、ありがとう。
Thanks. I will.

✏ 答え

わからなかった問題は Chapter 1 に戻って復習しましょう。

❶ You look happy. ⇒ 21 参照
❷ I'm going to visit Europe this Sunday. ⇒ 33 参照
❸ Have a good time. ⇒ 01 参照

Dialogue

3 会話練習

日本語を見て、空欄に適切なことばを入れましょう。

何か甘い物が食べたい気分だな。
I ❶ (　　　　　　　) sweet.

私も。ねぇ、新しくできたクレープ屋さんに行かない?
Me too. ❷ (　　　　　　　) the new crepe shop?

いいね。
❸ (　　　　) good.

じゃあ、行こー。
OK. ❹ (　　　　).

✐ **答え**

わからなかった問題は Chapter 1 に戻って復習しましょう。

❶ I feel like eating something sweet.　⇒ 24 参照
❷ Why don't we go to the new crepe shop?　⇒ 46 参照
❸ Sounds good.　⇒ 20 参照
❹ Let's go.　⇒ 48 参照

Dialogue

4 会話練習

日本語を見て、空欄に適切なことばを入れましょう。

窓を閉めてもいい？　ちょっと寒くて。
❶ (　　　　) the windows? I'm a little cold.

もちろん。温かいお茶をいれるね。
Of course. ❷ (　　　) hot tea for us.

ありがとう。
Thanks.

気づかなくてごめんね。
❸ (　　　) notice that.

Chapter 2 | ミニマル英会話にチャレンジ

✎ 答え

わからなかった問題は Chapter 1 に戻って復習しましょう。

❶ Can I close the windows?　⇒ 38 参照
❷ Let me make hot tea for us.　⇒ 42 参照
❸ Sorry I didn't notice that.　⇒ 08 参照

Dialogue 5 会話練習

日本語を見て、空欄に適切なことばを入れましょう。

 この報告書、明日までに仕上げることになっているの。
❶ (　　　　　　　　) the report by tomorrow.

 へえ、今すごく忙しいんだね。締め切りに間に合うといいね。
Oh, you ❷ (　　　　　　). ❸ (　　　　　　) the
deadline.

 ありがとう。うまくいくよう祈っていてね。
Thanks. ❹ (　　　) me luck.

うん。
I will.

✐ 答え

わからなかった問題は Chapter 1 に戻って復習しましょう。

❶ I'm supposed to finish the report by tomorrow.　⇒ 36 参照
❷ Oh, you must be very busy.　⇒ 54 参照
❸ I hope you can meet the deadline.　⇒ 25 参照
❹ Wish me luck.　⇒ 05 参照

Dialogue 6 会話練習

日本語を見て、空欄に適切なことばを入れましょう。

最近ミュージカルに興味があってね。見たことある?
❶ (　　　　　　　　) these days.　❷ (　　　　　　) one?

うん、いくつか見たことがあるよ。
Yes. I've seen several.

何が一番好き?
❸ (　　　　　　) ?

『レ・ミゼラブル』。あれはすごくよかった。
"*Les Miserables.*" It was ❹ (　　　).

✎ 答え

わからなかった問題は Chapter 1 に戻って復習しましょう。

❶ I'm interested in musicals these days.　⇒14 参照
❷ Have you ever seen one?　⇒17 参照
❸ What's your favorite?　⇒15 参照
❹ It was really good.　⇒57 参照

会話練習

日本語を見て、空欄に適切なことばを入れましょう。

明日の花火大会のチケットが2枚あるんだけど、一緒にどうかな？
I have two tickets to the fireworks show tomorrow.
❶ (   ) with me?

すてき！ ぜひ。
How ❷ (   )! I'd love to.

よかった。僕が5時ごろ迎えに行くのはどう？
Good. ❸ (   ) around five?

助かるわ。楽しみにしているね。
That'll be great. ❹ (   ) it.

じゃあ明日！
❺ (   ) tomorrow.

うん。じゃあね。
OK. Bye.

✎ **答え**
わからなかった問題は Chapter 1 に戻って復習しましょう。
❶ Would you like to go with me? ⇒ 51 参照
❷ How wonderful! ⇒ 28 参照
❸ Why don't I pick you up around five? ⇒ 44 参照
❹ I'm looking forward to it. ⇒ 30 参照
❺ See you tomorrow. ⇒ 02 参照

Dialogue 8 会話練習

日本語を見て、空欄に適切なことばを入れましょう。

美術館はどうだった?
❶ (　　　　) was (　　　　　　)?

今まで見た中で一番現代的な美術展だったよ。
❷ It was (　　　　　　) I'd ever (　　　).

そうなんだ?　僕も見たいな。
Was it? ❸ I (　　　) see it too.

午前中に行くといいかも。午後はいつも混んでいるから。
❹ You (　　　　　　) in the morning. It's always crowded in the afternoon.

そうか。情報をありがとう。
OK. ❺ (　　　　　　) the information.

いえいえ。
Sure.

✎ 答え

わからなかった問題は Chapter 1 に戻って復習しましょう。

❶ How was the art museum?　⇒ 56 参照
❷ It was the most modern art exhibition I'd ever seen.　⇒ 60 参照
❸ I want to see it too.　⇒ 22 参照
❹ You might want to go in the morning.　⇒ 47 参照
❺ Thank you for the information.　⇒ 06 参照

入れ替えに使える！お役立ち表現リスト

ここでは、本書に登場した動詞を含む表現約 450 をあいうえお順に掲載しています。本書で取り上げたフレーズの入れ替えに使うなど、英会話をする際に役立ててください。

あ

（食べ物などに）合う	go with ~
明日までに終える	do it by tomorrow
温かいお茶をいれる	make hot tea
新しい趣味を始める	take up a new hobby
新しい料理に挑戦する	try new recipes
暑くなる	get hot
（～を）当てにしない	not count on ~
（～に）あとで知らせる	let ~ know later
あとで立ち寄る	stop by later
（～に）あとで電話する	call ~ later
あとで話し合う	discuss it later
あとはやっておく	take care of the rest
あなたのノートをコピーする	copy your notebook
謝る	say sorry
歩いて帰宅する	walk home
アルバイトをする	work part-time
安産である	have a safe delivery
暗算をする	do a mental calculation
（～を）案内する	show ~ the way

い

家でまったりする	hang out at home
家でゆっくりする	relax at home
家にいる	stay home
家に帰る	go/head home
（～を）家に持って帰る	take ~ home
家を掃除する	clean one's house
医者に診てもらう	see a doctor
痛みを和らげる	ease one's pain
1 時間待つ	wait for one hour
一日中家にいる	stay home all day
一生懸命に勉強する	study hard
（～と）一緒に行く	go with ~
（～と）一緒に踊る	dance with ~
（～と）一緒に来る	come along / come with ~
（私たちと）一緒に来る、参加する	join us
（～と）一緒に写真を撮る	take pictures with ~
いつまでも健康でいる	stay healthy forever
異動する	get transferred

田舎暮らしをする	live in the countryside
犬を飼う	have a dog
犬の散歩をする	walk the/*one*'s dog
イベントを取り仕切る	organize events
イライラしている	be irritated
衣類にお金をかける	spend a lot of money on clothes
インフルエンザにかかる	have the flu

う

打ち合わせ（日時）の再調整をする	reschedule *one*'s meeting
打ち合わせの時間を変える	change the meeting time
打ち合わせをする	have a meeting
うっかりミスをする	make a careless mistake
海に行く	go to the beach
運転免許を取る	get a driver's license
運動をする	do some exercise

え

映画を見に行く	go to the movies

お

OK する	say OK
大きな家に住む	live in a big house
（〜に）お金を貸す	lend ~ money
お金を借りる	rent money（利子付きの場合）, borrow money（無利子の場合）
おかわりする	have seconds
（〜を）置き忘れる	leave ~ behind
（〜を）起こす	wake ~ up
（〜を）怒らせる	make ~ angry
おしゃべりになる	get talkative
おしゃれをする	dress up
遅くまで起きている	stay up late
遅くまで仕事をする	work late
お父さんを病院へ連れて行く	take *one*'s dad to the hospital
同じ間違いをする	make the same mistakes
泳ぎに行く	go swimming
お礼する	say thank you
（車から〜を）降ろす	drop ~ off
（テレビ・音楽などの）音量を下げる	turn down ~
音読する	read aloud
オンラインで打ち合わせをする	have an online meeting

か

海外で働く	work abroad
外国語を学ぶ	learn a foreign language
外食する	eat out
快諾する	say OK
買い物に行く	go shopping
顔が広い	know a lot of people
顔を出す	show up
家業を継ぐ	take over *one*'s family business
傘を持って行く	take an umbrella
ガソリンを入れる	get some gas
ガソリンを満タンにする	fill up the car with gas
(〜を) 片付ける	clean up 〜
がっかりする	be disappointed
髪が長い	have long hair
髪型を変える	change *one*'s hairstyle
髪を切る	get a haircut
髪をばっさり切る	cut *one*'s hair really short
(〜の) 代わりに会議に出席する	attend the meeting for 〜
(〜の) 代わりにクリーニングに出しておく	take it to the cleaners for 〜
(〜の) 代わりにやる	do it for 〜
(〜の) 歓迎会を開く	throw a welcome party for 〜
(〜を) 観光する	go sightseeing in 〜
寛大になる	be generous
乾杯する	make a toast
完璧主義者である	be a perfectionist

き

聞き覚えがある	sound familiar
起業する	start a/*one*'s business
危険を冒す	take a risk
技術を習得する	learn a skill
帰省する	go back to *one*'s hometown
肝試しをする	take a test of courage
着物を着る	wear a kimono
休憩する、休憩を取る	take a break
給与アップを交渉する	nagotiate a salary increase
京都のお寺を巡る	visit temples in Kyoto
行列に並ぶ	wait in line
今日はここまでにしておく	call it a day/night
キレる	lose temper
銀行に勤める	work for a bank

く

偶然である	be a coincidence
クジで決める	draw lots to decide
薬を飲む	take medicine
口数が多い	talk a lot
グランピングをしてみる	try glamping
（〜を）車で送る	give ~ a ride
車を替える	change cars

け

ケーキ1つを半分こする	share a piece of cake
結果がわかる	get the result
玄関で応対する	get/answer the door

こ

高速道路に乗る	get on/enter the expressway
交代で〜する	take turns doing
交通渋滞を避ける	avoid traffic jams
（〜に）コーヒーをいれる	make ~ some coffee
コーヒーを飲んでいく	stop by for a cup of coffee
ここで（車から〜を）降ろす	drop ~ off here
ここに駐車する	park here
御朱印を集める	collect shrine and temple stamps
断る	say no
この映画を見る	see this movie
（〜の）コピーを取る	make a copy of ~
コピー機を使う	use the copier
ゴミ出しをする	take out the garbage
これを修理する	fix this
これを捨てる	throw this away
これを見る	take a look at this
（〜を）怖がらせる	make ~ scared

さ

再確認する	double-check it
在宅勤務をする	work from home
先にする	do first
（〜に）先に伝える	tell ~ first
先にやる	go first
座席を倒す	recline one's seat
茶道を習う	learn tea ceremony
皿洗いをする	do the dishes

残業する	work overtime
散歩をする、散歩に行く	go for a walk

し

試合に勝利する	win the game
（その）資格を取る	get the license
字がうまい	have good handwriting
時間をかける	take some time
（〜のために）時間を割く	spare some time for ~
（〜のために）時間を作る	make time for ~
時間を戻す	turn back the clock
試験に合格する	pass the exam
仕事を失う	lose *one*'s job
仕事を辞める	quit *one*'s job
自己紹介する	introduce *one*self
自己中心的である	be self-centered
〜時ごろ家を出る	leave home around ~
〜時までにこれを仕上げる	finish this by ~
市場調査をする	do some market research
自炊する	cook at home / cook for *one*self
しっかり練習する	practice hard
実際に試してみる、自分で確認してみる	check out
質問に答える	answer the question
質問をする	ask a question
自転車で通勤する	bike to work
自分自身を誇りに思う	be proud of *one*self
自分で洗車する	wash *one*'s car *one*self
自分でやる	do it *one*self
自分の部屋にいる	be in *one*'s room
ジムに通う	go to the gym
締め切りに間に合う	meet the deadline
車庫を片付ける	clean up the garage
写真を撮る	take photographs/pictures/a picture
（SNSに）写真を投稿する	post *one*'s photos
就職が決まる	get a job
就職面接を受ける	have a job interview
渋滞にはまる	be stuck in traffic
自由にアイデアを出し合う	brainstorm some ideas
（〜に）週末に電話する	call ~ this weekend
手術を受ける	have surgery
シュノーケリングをする	go snorkeling
（〜の）準備ができている	be ready for ~
（〜を）昇給してもらう／させる	give ~ a raise

将棋を指す	play shogi
食事にお金をかける	spend a lot of money on food
職場の近くに引っ越す	move near *one*'s workplace
食料品を買いに行く	go grocery shopping
ショッピングをする	go shopping
（～に）知らせる	let ~ know
知らない人の前だと口数が少ない	be shy around strangers
慎重にことばを選ぶ	choose *one*'s words carefully
心配しすぎる	worry too much
〔～を〕心配する	worry about ~
新聞を購読する	subscribe to a newspaper

す

スカイダイビングに挑戦する	try skydiving
スキーに行く	go skiing
スキューバダイビングに挑戦する	try scuba diving
すぐに怒る	get angry soon
すぐに戻る	be back soon
（電車の席などで）少し詰める	scoot over
ストレスがたまっている	be stressed
スノボーをしに行く	go snowboarding
すべきことを先延ばしにする	put off doing things
スポーツ観戦をする	watch sports
座る	have a seat

せ

（～での）生活を楽しむ	enjoy *one*'s life in ~ / have a good time in ~
世界中を旅する	travel the world
（～と）席を替わる	change seats with ~
（～を）説得する	talk ~ into it
洗車する	wash *one*'s car
先生・教諭である	be a teacher
先生になる	become a teacher

そ

早期退職する	retire early
外へ出る	step outside
そのことを～に話す	tell ~ that
そのことを忘れる	forget about it
その知らせに驚く	be surprised at the news
それの直し方を知っている	know how to fix it
それを買うお金がある	have the money to buy it
それをこの住所に送る	send it to this address

それを試着する	try that on
それを修理する	fix it
それを取ってくる	go get it

た

ダイエットをする	go on a diet
大学時代に戻る	go back to *one*'s college days
退屈している	be bored
高そうだ	look expensive
タクシーに乗る	take a taxi
（〜に）タクシーを呼ぶ	call a taxi for 〜
巧みにプレーする	play skillfully
多数決で決める	take a vote
多読する	read a lot
楽しむ	have fun
（〜の）頼みごとを聞く	do 〜 a favor
タバコをやめる	quit smoking
（〜のために）誕生日ケーキを焼く	bake a birthday cake for 〜

ち

（〜の）近くに住む	live near 〜
チケットを取る	get a ticket
遅刻する	be late
昼食に出かける	go out for lunch
昼食を作る	make lunch
貯金する	save money
ちょっと見る	have a look

つ

（〜に）使い方を見せる	show 〜 how to use it
疲れきっている	be exhausted
（〜と）付き合う	go out with 〜

て

定期的に親に電話する	call *one*'s parent regularly
（〜の）デートが成功する	success on *one*'s date
（〜と）デートに出かける	go on a date with 〜
出かける	go out / hit the road
テスト勉強をする	study for the exam
テレビを見る	watch TV
手を洗ってくる	go wash *one*'s hands
（〜に）手を貸す	give 〜 a hand
店員に聞く	ask the shop clerk

電気を消す	turn off the light
伝言を預かる	take a message
伝言を残す	leave a message
電車で足止めされる	be stuck on a train
電車通勤する	go to work by train
転職する	change jobs
（～からの）電話に出る	answer *one*'s call
電話に出る	get the phone
（～に）電話をかけ直す、折り返し電話する	call ~ back
（～の）電話を借りる	use *one*'s phone
（～の）電話を充電する	charge *one*'s phone

と

（～の）トイレを借りる	use *one*'s bathroom
ドカ食いする	binge eat
ときどき料理する	cook sometimes
とても待ちきれない	can hardly wait
泊まる	stay the night
友だちと過ごす	spend time with friends
友だちを作る	make friends
友だちを連れて来る	bring a friend
ドライブにいく	go for a drive
トランプをする	play cards

な

長生きする	live long
（あなたの）仲間に加わる	join you
（～を）泣かせる	make ~ cry
何か新しいことを学ぶ	learn something new
何か甘い物を食べる	eat something sweet
何かスポーツをする	play any sports
何もしない	do nothing / not do anything
何も予定がない	not have any plan
名前を覚える	remember names
名前を間違える	get *one*'s name wrong

に

（～が）似合っている	look nice/good in~
肉を食べる	eat meat
逃げ出す	run away
2時間後に会う	meet in two hours
2時までにそこへ着く	be there by two
二世帯住宅にする	build a duplex

（〜に）似ている	look like 〜
日本円で支払う	pay with Japanese yen
入院する	stay in a hospital
入賞する	win the prize

ぬ

（〜を）脱ぐ	take off 〜

ね

ネクタイをする	wear a tie
猫を飼う	have a cat
ネットサーフィンする	surf the internet
寝坊する	sleep in

の

飲みに行く	go for a drink
飲む	have a drink
のんびり過ごす	take it easy

は

パーティーに出席する	come to the party
パーマをかける	get a perm
ハイキングに行く	go hiking / go on a hike
入る	come in
ハキハキ話す	speak clearly
箸を使って食べる	eat with chopsticks
肌寒くなる、（外気が）冷える	get chilly
（〜と）話し合う	talk with 〜
花火大会に行く	go to the fireworks show
花を生ける	arrange flowers
早起きする	get up early

ひ

ピアノを弾く	play the piano
悲観的にならない	not be pessimistic
飛行機に乗り遅れる	miss a flight
飛行機に乗る	be on an airplane
被災地でボランティアをする	volunteer at the affected area
（〜のために）ピザを注文する	order 〜 some pizza
ピザを配達してもらう・頼む	have some pizza delivered
美術館へ行く	go to the art museum
一口もらう	have a bite/sip
ひと言多い	say one word too many

人にやる気を出させる	motivate people
一晩（寝て）じっくり考える	sleep on it
人前で話す	speak in public
一目惚れする	fall in love at first sight
一人暮らしをする	live on *one*'s own / live by *one*self / live alone
一人旅をする	travel alone
一人で食事をする	eat alone
一人で過ごす	spend time alone
秘密にしている	keep it secret
日焼け止めを塗る	put on sunscreen
日焼けしやすい	easily get tanned
昼寝をする、仮眠を取る	take a nap
日を改める	change the day

ふ

無愛想である	be unfriendly
（…について〜に）フィードバックする	give ~ feedback on ...
フィギュアを集める	collect figures
富士山に登る	climb Mt. Fuji
太りやすい	easily get weight
ぶどう狩りに行く	go grape picking
（〜に）プライベートなことを聞く	ask ~ a personal question
フランス語を学ぶ	learn French
風呂に入る	take a bath
プレゼントを選ぶ	choose presents

へ

ペットを飼う	have a pet
別のテーブルに移動する	move to another table
部屋の模様替えをする	redecorate *one*'s room
部屋を予約する	book a room

ほ

報告書を仕上げる	finish the report
ほかの人の意見も聞く	get a second opinion
ほかのやり方を試してみる	try a different approach
ホノルルマラソンに参加する	run the Honolulu Marathon
ホラー映画を見ない	not watch horror movies
本題に入る	get down to business
本当のことを聞く	hear the truth
本を書く	write a book

ま

（〜を）待たせる	keep ~ waiting
またそこを訪れる	visit there again
（〜に）マッサージをしてあげる	give ~ a massage
（〜と）まったり過ごす	hang out with ~
（〜に）…までの道を教える	tell ~ the way to ...
窓を閉める	close the windows
マニュアル車を運転する	drive a stick shift
まめに〜に会いに行く	visit ~ often
マラソンを完走する	finish the marathon
（〜の）周りを走る	jog around ~
マンションを買う	buy a condo

み

見覚えがある	look familiar
見て回る	look around
（〜の）見舞いに行く	go see ~ in the hospital

む

（〜を）迎えに行く	pick up ~ / pick ~ up

め

メニューをもらう	have a menu
（〜に）目を通す	look through ~

も

もう1回やってみる	try again
もう1回やる	do it again
もう一度言う	say that again
（〜に）申し込む	apply for ~
もう少し静かにする	keep it down
もう少し早く出る	leave earlier
（…から〜を）持ち出す	take ~ out of ...
もっとお金を貯める	save more money
もっと家事をする	do more housework/household chores
物事を急がない	not rush things

や

約束を守る	keep *one*'s promises
約束を忘れる	forget about *one*'s appointment
休み／有給を3日間取る	take three days off
やせる	lose weight

ゆ

UFO を見る	see a UFO
優勝する	win a championship
夕食を作る	make dinner
郵便物を見てくる	go check the mail
ゆっくり話す	speak slowly
夢を追い求める	pursue *one*'s dream

よ

様子を見る	wait and see
ヨーロッパへ行く	go to Europe
ヨーロッパを訪れる	visit Europe
ヨーロッパを旅行する	travel in Europe
ヨガ教室入る	take a yoga class
ヨガをしてみる	try yoga
（体調が）よくなる	get better
（〜が）よく似合っている	look great/awesome in ~
横になる	lie down
（〜の）予定を確認する	check *one*'s schedule
夜更かしする	stay up late
（医者・美容室を）予約する	make an appointment
（レストラン・ホテルを）予約する	make a reservation

ら

来月出発する	leave next month
ラフティングをする	go rafting

り

リビングのインテリアを整える	decorate *one*'s living room
留学する	study abroad
領収書をもらう	have a receipt
料理教室に通う	take a cooking class
料理を皿に盛り付ける	arrange the food on the plates
料理を習う	learn cooking
旅行する	go on a trip
旅行の準備ができている	be ready for the trip
旅行を取りやめる	cancel the trip
臨機応変にやる	play it by ear

れ

冷蔵庫の中にある	be in the fridge
レンタカーを借りる	rent a car
（〜から）連絡がある	hear from ~

連絡を取り合う	keep/stay in touch

ろ

労働条件を交渉する	negotiate a working condition

わ

わかりやすい英語を使う	use plain English
(〜と) 別れる	break up with 〜
わくわくしている	be excited
和太鼓を習い始める	take up the Japanese drum
私が車を出す(私の車でそこまで運転する)	drive us there in my car
私に連絡する	contact me
(〜を) 笑わせる	make 〜 laugh
割り勘にする	split the bill
悪い人にだまされる	fall for bad guys

著者紹介

石原 真弓 Mayumi Ishihara

英語学習スタイリスト。

高校卒業後アメリカに留学。コミュニティカレッジ卒業後、通訳に従事。帰国後は英会話を教えるかたわら、執筆やメディア出演、講演などで幅広く活躍。30 年以上書き続けている英語日記や英語手帳の経験をもとに、身のまわりのことを英語で発信する学習法を提案している。主な著書に『新・英語で日記を書いてみる』『今すぐ言える！ 英会話フレーズブック』(Gakken)、『ディズニーの英語』シリーズ (KADOKAWA)、『気持ちを表す英単語辞典』『まいにち英会話』(ナツメ社)、『小学生のための聞ける！ 話せる！ 英語辞典』(旺文社)、『タッチペンで音がきける！ はじめての英検®5 級』『タッチペンで音がきける！ はじめての英検®4 級』（講談社）など。中国語や韓国語、タイ語などに翻訳されている著書も多数。

最速で身につく 一生使える ミニマル英会話

2024 年 2 月 5 日　初版発行

著　者　　石原 真弓　©Mayumi Ishihara, 2024

発行者　　伊藤 秀樹

発行所　　株式会社 ジャパンタイムズ出版

　　　　　〒 102-0082 東京都千代田区一番町 2-2 一番町第二 TG ビル 2F

　　　　　ウェブサイト　https://jtpublishing.co.jp/

印刷所　　株式会社 光邦

ISBN978-4-7890-1874-6　Printed in Japan

本書のご感想をお寄せください。
https://jtpublishing.co.jp/contact/comment/